Introduzione

La Seconda guerra mondiale è stata l'escalation della Seconda guerra sino-giapponese, iniziata nel 1937, e di una guerra europea iniziata nel 1939, in un conflitto militare combattuto dal 1941 al 1945 su scala globale tra due alleanze: le potenze dell'Asse e gli Alleati. In Occidente, gli anni 1939 e 1945 vengono solitamente considerati come l'inizio e la fine della guerra.

La Prima guerra mondiale si concluse nel 1918 con la vittoria delle tre grandi democrazie occidentali: Regno Unito, Terza Repubblica francese e Stati Uniti. Tuttavia, questi non formarono in seguito un'alleanza militare formale. Il Regno Unito e gli Stati Uniti hanno sciolto la maggior parte delle loro forze armate. Ciò ha permesso l'ascesa di regimi autoritari aggressivi: l'Unione Sovietica comunista nel 1918, l'Italia fascista nel 1922, la dittatura militare giapponese dopo il 1926 e la Germania nazista nel 1933. Alla fine, tutti i Paesi sono stati coinvolti in una corsa agli armamenti accompagnata da crescenti tensioni internazionali.

Il 7 luglio 1937 il Giappone invase la Cina. Dopo aver conquistato il nord-est del Paese, è iniziata una lunga guerra che ha causato milioni di vittime. Nell'estate del 1939, l'Unione Sovietica sconfisse il Giappone nel tentativo di conquistare la Mongolia. In seguito, il Giappone decise di concentrarsi sulla conquista del Sud-Est asiatico. Il dittatore nazionalsocialista tedesco Adolf Hitler fece occupare la Renania smilitarizzata nel 1936. Nel 1938, la Germania annette l'Austria con l'*Anschluss.* Con il Trattato di Monaco, la Cecoslovacchia dovette cedere i Sudeti di lingua tedesca. Quando la Cecoslovacchia fu completamente sottomessa nel marzo 1939, il Regno Unito e la Francia promisero di assistere la Polonia in caso di attacco tedesco. Speravano che Hitler si sarebbe astenuto dall'invadere, perché l'esercito tedesco era ben lungi dall'aver completato la sua costruzione. Il 23 agosto, tuttavia, concluse il Patto Molotov-Ribbentrop con l'Unione Sovietica, il che gli fece credere che un intervento internazionale non si sarebbe concretizzato.

La Wehrmacht e le SS tedesche invasero la Polonia il 1° settembre 1939. Il Regno Unito e la Francia dichiararono guerra alla Germania il 3 settembre 1939. La Polonia fu conquistata dopo un mese. L'Unione Sovietica occupò la

3

La Breve Storia della Seconda Guerra Mondiale

L'ascesa di Adolf Hitler, la Germania nazista e il Terzo Reich, le forze alleate e le battaglie dalle guerre lampo alle bombe atomiche

(1939-1945)

Esclusione di responsabilità

Copyright 2022 di Academy Archives - *Tutti i diritti riservati*

Questo documento si propone di fornire informazioni precise e affidabili in merito all'argomento e alla questione trattata. La pubblicazione viene venduta con l'idea che l'editore non sia tenuto a fornire servizi contabili, ufficialmente autorizzati o comunque qualificati. Se è necessaria una consulenza, legale o professionale, è necessario rivolgersi a un esperto della professione - da una Dichiarazione di principi che è stata accettata e approvata in egual misura da un Comitato dell'American Bar Association e da un Comitato degli Editori e delle Associazioni.

In nessun modo è lecito riprodurre, duplicare o trasmettere qualsiasi parte di questo documento, né in formato elettronico né in formato cartaceo. La registrazione di questa pubblicazione è severamente vietata e la memorizzazione di questo documento non è consentita se non dietro autorizzazione scritta dell'editore. Tutti i diritti riservati.

La presentazione delle informazioni avviene senza alcun contratto o garanzia di alcun tipo. I marchi utilizzati sono privi di qualsiasi consenso e la loro pubblicazione non è autorizzata o supportata dal proprietario del marchio. Tutti i marchi e le marche presenti in questo libro sono solo a scopo chiarificatore e appartengono ai proprietari stessi, non affiliati a questo documento. Non incoraggiamo l'abuso di sostanze e non possiamo essere ritenuti responsabili per la partecipazione ad attività illegali.

1

parte orientale del Paese. Gli inglesi e i francesi iniziarono a raccogliere un surplus di uomini e attrezzature per sconfiggere la Germania nel 1941. Nell'aprile del 1940, tuttavia, i tedeschi catturarono la Danimarca e la Norvegia. Nel maggio 1940, i Paesi Bassi e la Francia furono sconfitti da un'avanzata a sorpresa di unità di carri armati attraverso le Ardenne verso la Manica. Gli inglesi riuscirono a respingere un'invasione nella Battaglia d'Inghilterra. Gli Stati Uniti offrirono successivamente un sostegno materiale al Regno Unito, anche attraverso il Loan and Leasehold Act. La Germania tentò di affamare il Regno Unito con la guerra sottomarina e fu a sua volta bombardata con crescente intensità, il tutto senza risultati decisivi. Giugno 1940 L'Italia entra in guerra. I falliti attacchi italiani all'Egitto e alla Grecia costrinsero la Germania a impegnarsi nell'assoggettamento di tutti i Balcani e in una prolungata Campagna del Nord Africa.

Nel 1941 Hitler pensava che una Wehrmacht "invincibile" avrebbe potuto realizzare gli ideali dell'ideologia nazista: sterminare gli ebrei e sottomettere gli *Untermenschen* slavi a uno strato superiore di colonizzatori germanici. Il 22 giugno 1941 la Germania invase l'Unione Sovietica. Dopo aver guadagnato molto terreno, l'offensiva si arenò in

4

autunno. Il 7 dicembre 1941, le navi dell'Impero giapponese attaccarono a sorpresa la flotta statunitense del Pacifico a Pearl Harbor. Hitler dichiarò guerra agli Stati Uniti, la più grande economia del mondo, quattro giorni dopo. In questo modo, le potenze dell'Asse furono coinvolte in un conflitto globale contro una coalizione la cui potenza militare superava di molte volte la loro già nel 1942, cosicché la loro sconfitta era solo una questione di tempo. Quell'anno ottennero ancora successi che, tuttavia, si conclusero con dolorosi echi. Il Giappone conquistò gran parte dell'Asia, ma subì una sconfitta decisiva nella battaglia di Midway. Le armate tedesche avanzarono in Egitto e nei giacimenti petroliferi del Caucaso, ma furono distrutte nella Seconda battaglia di El Alamein e nella battaglia di Stalingrado. Nel luglio 1943, un'ultima grande offensiva tedesca sul fronte orientale fallisce nella battaglia di Kursk. Lo stesso mese, gli inglesi e gli americani sbarcarono in Italia. Il dittatore italiano Benito Mussolini viene rovesciato. I tedeschi occupano l'Italia settentrionale. Fino al maggio 1944, l'Armata Rossa fu in grado di riconquistare l'Ucraina perché Hitler ordinò di schierare in Francia una parte significativa delle sue riserve corazzate. Ciononostante, gli Alleati occidentali riuscirono a sbarcare in Normandia il 6 giugno 1944, sbaragliando e distruggendo gran parte dell'esercito tedesco. Hanno liberato la Francia e il Belgio. Contemporaneamente, l'Armata Rossa distrusse il Gruppo d'Armate Medio tedesco nell'Operazione Bagration. Finlandia, Romania e Bulgaria passarono dalla parte degli Alleati. La Wehrmacht non riuscì a riprendersi dalle perdite subite. Tuttavia, l'avanzata alleata fu rallentata da problemi di approvvigionamento, dal fallimento dell'operazione Market Garden e dall'offensiva tedesca delle Ardenne. Gennaio 1945, l'offensiva Weichsel-Oder schiaccia le forze tedesche in Polonia. Gli Alleati si spostarono a ovest attraverso il Reno per entrare in contatto, in maggio, all'Elba con l'Armata Rossa che aveva conquistato Berlino. Hitler si è suicidato. L'8 e 9 maggio 1945 la Germania capitolò.

Si sviluppò una cooperazione tra l'Unione Sovietica da un lato e gli inglesi e gli americani dall'altro, caratterizzata da una forte diffidenza e da una scarsa familiarità reciproca, a cui i tedeschi risposero. Questa cooperazione si sarebbe presto trasformata in un nuovo periodo di conflitto dopo la fine della Seconda Guerra Mondiale, noto come Guerra Fredda. Importanti sviluppi, in parte esperienziali, del dopoguerra sono stati l'istituzione delle Nazioni Unite - che hanno sostituito la Società delle Nazioni che si era dimostrata impotente - e la stesura della Dichiarazione universale dei diritti umani.

Titolo

Già nel 1939, dopo la dichiarazione di guerra anglo-francese alla Germania per l'invasione della Polonia, il termine *Seconda Guerra Mondiale* fu utilizzato dal politico conservatore britannico Duff Cooper, che nel 1940 sarebbe stato nominato Ministro *dell'*Informazione dal nuovo Primo Ministro Winston Churchill.

Solo dopo il 1945 questa denominazione si diffonderà, così come quella di *Prima Guerra Mondiale* per gli eventi del 1914-1918 precedentemente indicati come *Grande Guerra*, sebbene fosse già stata utilizzata da Charles à Court Repington nel 1918.

Belgio e Paesi Bassi

Il Belgio e i Paesi Bassi furono attaccati dalla Germania il 10 maggio 1940. Il 14 maggio l'esercito olandese si arrese. L'accordo di capitolazione fu firmato il 15 maggio. La capitolazione non si applicava alla provincia della Zelanda,

7

dove i combattimenti continuarono per diversi giorni. Il 28 maggio il Belgio capitolò dopo 18 giorni di resistenza. L'occupazione successiva durò in Belgio fino al 17 settembre 1944 e nei Paesi Bassi a nord dei grandi fiumi fino al 6 maggio 1945. Il Giappone invase le Indie Orientali Olandesi il 10 gennaio 1942 e capitolò il 15 agosto 1945. I Paesi Bassi non avrebbero mai ripreso il pieno controllo del regno insulare, che divenne indipendente nel 1949.

Indice dei contenuti

Le cause della guerra in Europa

La lotta per l'egemonia europea 1866 - 1918

Dopo la creazione dell'Impero tedesco nel 1871, la potenza militare ed economica tedesca crebbe rapidamente, sostenuta da un'ulteriore crescita demografica e dallo sviluppo industriale.

Sotto la guida prussiana, la Confederazione Tedesca e la Confederazione Tedesca del Nord avevano già vinto la Seconda Guerra Tedesco-Danese (1864) e la Guerra Austro-Prussiana (1866). La rapida sconfitta della Francia nella guerra franco-tedesca del 1870-71, dopo la quale la Germania si era annessa la maggior parte dell'Alsazia e della Lorena, rese evidente che l'equilibrio di potere in Europa era profondamente cambiato rispetto alle guerre napoleoniche.

L'annessione causò una continua e grave disputa territoriale tra Germania e Francia.

Una politica estera maldestra sotto Guglielmo II di
Germania creò anche tensioni tra l'Impero tedesco e il
Regno Unito e l'Impero russo. Per gli inglesi, uno dei fattori
era che la Germania stava diventando sempre più un
rivale marittimo e industriale.

In particolare, temevano il dumping delle merci tedesche
sul mercato britannico. Per i russi, l'ostacolo era il
sostegno tedesco all'Austria-Ungheria nei Balcani, dove la
Duplice Monarchia dominava anche i popoli slavi.
Britannici, francesi e russi iniziarono a formare un blocco
anti-tedesco, la Triplice Intesa. Ciò rafforzò i sentimenti di

arretratezza in Germania, dove un nazionalismo, un militarismo e un espansionismo sempre più virulenti rivendicavano per il Paese un'egemonia che corrispondeva alla sua posizione di più forte potenza terrestre del mondo.

Quando le crescenti tensioni portarono alla Prima Guerra Mondiale nel 1914, la superiorità militare tedesca si rivelò insufficiente per una rapida vittoria. Sul fronte occidentale si verificò una sanguinosa situazione di stallo.

Il blocco alleato della Germania causò una grave carenza di materie prime per l'industria e una carestia. Combattere una guerra su due fronti era un peso troppo grande. Tuttavia, i tedeschi non erano disposti a fare la pace senza guadagni territoriali. I servizi segreti tedeschi inviarono Lenin in Russia.

Il suo nuovo regime sovietico concluse la Pace di Brest-Litovsk. Con l'offensiva di primavera del 1918, lo stato maggiore tedesco sperava ora di ottenere la vittoria a ovest prima che gli americani, giunti in suo aiuto, potessero costituire una forza combattente suprema nel 1919. Allo stesso tempo, hanno occupato l'Ucraina per migliorare l'approvvigionamento alimentare. Questo sforzo

13

estremo portò solo a un rapido esaurimento totale dell'esercito tedesco, seguito dalla Rivoluzione di novembre.

L'11 novembre 1918 la Germania fu costretta a chiedere l'armistizio. All'epoca, la linea del fronte attraversava ancora il Belgio, il che avrebbe alimentato la leggenda secondo cui le truppe al fronte sarebbero state tradite da politici disfattisti.

Il Trattato di Versailles non creò una situazione stabile nel 1919. La popolazione tedesca si sentiva trattata ingiustamente a causa degli enormi pagamenti di riparazione e delle perdite territoriali. I territori parzialmente di lingua tedesca passarono alla Francia (Alsazia e Lorena) o alla Polonia, che dal 1793 era tornata indipendente.

La Prussia orientale fu isolata dal resto della Germania dal corridoio di Danzica. Questo ha portato al revanscismo e all'irredentismo. Gli Alleati non ricevettero alcuna garanzia vincolante per evitare una recrudescenza tedesca. L'esercito tedesco fu ridotto nelle dimensioni e negli armamenti, ma non fu sciolto. Solo la Renania fu occupata e, contro la volontà della Francia, non in modo permanente ma solo per 15 anni. Il maresciallo francese Ferdinand Foch descrisse quindi il Trattato di Versailles come "non una pace, ma un armistizio di 20 anni".

Instabilità tedesca 1918 - 1929

La Germania, politicamente instabile, cadde nel caos e nella povertà dopo l'armistizio. Sinistra e destra si sono contese il potere. Questa battaglia si sarebbe infine risolta a favore del nazionalsocialismo totalitario. L'essenza di questo movimento fascista è che il più forte ha il diritto di dominare il più debole. Ciò spiega il carattere radicalmente nazionalista, antisemita, militarista, antidemocratico e anticomunista di questo movimento e la guerra di annientamento ideologicamente ispirata che ne derivò. Tuttavia, questo processo ha richiesto 15 anni.

I partiti di mezzo socialdemocratici, liberali e cristiano-democratici della Repubblica di Weimar cercarono di instaurare uno stato di diritto democratico, ma si trovarono subito di fronte a delle rivolte. La Rivoluzione d'ottobre comunista russa del 1917 scatenò un'ondata di rivoluzioni in tutta Europa. In Baviera, all'inizio del 1919, i comunisti proclamarono una repubblica comunale e a Berlino ci fu la rivolta di Spartaco. Il primo ministro Friedrich Ebert fu costretto a ricorrere a milizie radicali di destra, composte da soldati tornati in prima linea, i Corpi liberi, per sedare le rivolte.

A questi gruppi nazionalisti mancava l'idea che la Germania potesse essere colpevole di tutta la sua miseria, sia che non avesse combattuto la battaglia con sufficiente durezza.

Presunti "traditori" come il ministro degli Esteri Walther Rathenau e l'ex vice-cancelliere Matthias Erzberger sono stati uccisi dal terrore della destra. Il vecchio regime composto da nobiltà, burocrazia ed esercito aveva perso ogni autorità, come dimostrato dal Kapp-putsch, una rivolta dei Freikorps contro lo scioglimento delle unità dell'esercito, culminata in un fallito tentativo di colpo di stato.

Alle elezioni generali del giugno 1920, l'estrema sinistra (Unabhängige Sozialdemokratische Partei Deutschlands) e l'estrema destra (Nazionali tedeschi) vinsero a scapito del centro. I gruppi di destra, conservatori e nazionalisti, tuttavia, non volevano assumersi la responsabilità del governo.

Nel 1922, quando la situazione in Germania cominciò a stabilizzarsi, fu imposto al Paese un gigantesco pagamento di riparazione di 136 miliardi di marchi, che non aveva modo di soddisfare. In risposta, Francia e Belgio, senza il sostegno di Gran Bretagna e America, occuparono la regione della Ruhr, dove la produzione industriale si bloccò.

In combinazione con il finanziamento monetario, la stampa di denaro non garantito, questo ha portato a un'iperinflazione che ha reso vani i risparmi della classe media.

Il nuovo direttore della Banca Nazionale, Hjalmar Schacht, pose fine all'inflazione equiparando 20 miliardi di vecchi marchi a un nuovo marco. La nuova valuta acquistò valore grazie agli ingenti prestiti concessi dalle banche statunitensi e olandesi, che prestarono tre miliardi di marchi.

Ciò permise la ripresa della circolazione del denaro e la possibilità per la Germania di effettuare le riparazioni. In
17

questo modo, Francia e Regno Unito ripagarono i loro debiti con gli Stati Uniti.

Poco dopo, nel 1923, in Baviera fallì un tentativo di colpo di Stato di destra, il Bierkellerputsch. All'epoca, l'evento attirò poca attenzione, ma uno dei partecipanti fu Adolf Hitler del Partito Nazionalsocialista Tedesco dei Lavoratori.

Hitler fu condannato a cinque anni di prigione, un anno dei quali dovette infine scontare. Durante questa detenzione, dettò il *Mein Kampf*, che in seguito sarebbe diventato un elemento centrale della propaganda nazista.

Nel 1924, per la Germania si aprono tempi leggermente migliori. Gustav Stresemann, ministro degli Esteri tedesco durante la presidenza di Hindenburg (1925-1934), cercò di riavvicinarsi ai Paesi occidentali. Charles Dawes, in qualità di presidente di una commissione internazionale, elaborò il Piano Dawes, uno schema di pagamento per le riparazioni tedesche. I premier Ramsay MacDonald e Édouard Herriot accettarono il Piano Dawes e anche la Germania. Nel 1925, la Germania concluse il Trattato di Locarno con la Francia, la Gran Bretagna e diversi altri Paesi limitrofi. Le truppe della Ruhr furono ritirate e i nuovi confini occidentali furono garantiti reciprocamente. Inoltre, aprì la strada all'adesione alla Società delle Nazioni, che sarebbe entrata in vigore nel 1926.

Nel maggio 1928, il popolo tedesco optò chiaramente per una politica di pace, dando ai socialdemocratici una vittoria elettorale, mentre Hitler ricevette solo il 2,5% dei voti. Il 27 agosto 1928, il ministro Stresemann firmò a Parigi il patto Briand-Kellogg insieme alle altre principali potenze. Le controversie internazionali non dovevano essere risolte con la guerra, ma con mezzi pacifici come l'arbitrato.

Tuttavia, la Repubblica di Weimar non agì del tutto in buona fede in questa materia. Alla Germania fu proibito di possedere carri armati, ma si sottrasse a questo divieto sviluppando armi segrete in Svezia e in Unione Sovietica.

Nella primavera del 1929, il diplomatico statunitense Owen D. Young propose il piano Young. Ha alleggerito i pagamenti a 114 miliardi da coprire in 59 anni, pari a circa il 3% del PNL. I tedeschi si aspettavano una riduzione molto più consistente.

Il Partito Popolare Nazionale Tedesco lo presentò come se il popolo tedesco fosse ancora insopportabilmente oppresso e crebbe fortemente in popolarità. Un referendum (*Volksentscheid*) ha respinto il piano a grande maggioranza, ma non è stato vincolante.

Il governo tedesco accettò il piano alla Prima Conferenza di Recupero dell'Aia e alla Seconda Conferenza di Recupero dell'Aia del 1930, soprattutto perché ora aveva il diritto di sospendere le riparazioni per due anni. Questa prospettiva destabilizzò l'intero sistema finanziario internazionale già nell'estate del 1929.

Grande Depressione

Il crollo del mercato azionario del 1929 causò il collasso dell'economia statunitense. Le banche statunitensi hanno richiesto i loro prestiti in Europa. I governi di tutto il mondo ricorsero al protezionismo, ostacolando le importazioni e facendo crollare il commercio mondiale. La Grande Depressione era un dato di fatto. La Germania è stata colpita duramente. Il gabinetto di Heinrich Brüning, insediatosi nel marzo 1930, rispose con una severa austerità unita ai piani di riarmo del generale Kurt von Schleicher.

20

Alle elezioni del settembre 1930, il NSDAP ottenne il 18,5% dei voti. Nel giugno 1931, Brüning sospese le riparazioni, provocando una corsa alle banche internazionali. Tra il 1929 e il 1933 la disoccupazione passò da due a sei milioni, il 30% della forza lavoro.

Nel 1932, la Conferenza di Losanna esentò la Germania da ulteriori risarcimenti, ma questo era diventato un punto irrilevante alla luce della crisi fondamentale che la Germania si trovava ad affrontare.

I comunisti si sono battuti per l'introduzione di un'economia pianificata che permettesse di rimettere in funzione le fabbriche statali inattive. Tuttavia, la classe media temeva una simile presa di potere bolscevica.

Un'alternativa era il NSDAP, con la sua miscela di socialismo e nazionalismo. Alle elezioni del luglio 1932 l'elettorato del NSDAP salì a quasi 14 milioni, pari al 39,9% dei voti. Con la *Sturmabteilung,* intimoriva gli avversari.

Tuttavia, il Presidente Paul von Hindenburg rifiutò di nominare Hitler Cancelliere dello Scacchiere. Nelle elezioni del novembre 1932, i nazisti persero sostenitori. A quel

21

punto, però, il cancelliere Franz von Papen stava già
iniziando a gestire un regime molto autoritario.

Nel gennaio 1933, von Papen e Alfred Hugenberg, leader
del DNVP, convinsero Hindenburg a nominare Hitler
Cancelliere del Reich in un gabinetto in cui avrebbero fatto
parte anche loro.

Il 27 febbraio 1933 si verificò l'incendio del Reichstag, di
cui i nazisti approfittarono per perseguire senza processo i
membri dei partiti di sinistra e imprigionarli nei campi di
concentramento attraverso un'ordinanza d'emergenza
(l'Ordinanza sull'incendio del Reichstag).

Alle elezioni del Reichstag del 5 marzo 1933, il partito di
Hitler ottenne il 44% dei voti e quello di Hugenberg l'8%.
Hitler non aveva quindi una maggioranza assoluta, ma
fece approvare la Legge di abilitazione attraverso la
persecuzione della sinistra e l'intimidazione dei partiti
rimanenti e fu in grado di assumere il potere su questa
base.

Hitler mise al bando tutti i partiti tranne lo stesso NSDAP e
non permise più libere elezioni, governando di fatto il
Paese come un dittatore.
22

Il regime di Hitler ebbe un grande successo economico. Nel 1939, la disoccupazione era stata praticamente eliminata e il PIL quasi raddoppiato. Le infrastrutture, come la rete stradale, sono state notevolmente migliorate. Questo aspetto del suo governo ricevette un ampio sostegno da parte del popolo tedesco. Tuttavia, il successo è dovuto a una politica salariale gestita.

I salari erano crollati nel 1932 e in seguito non erano potuti aumentare. Gli scioperi sono stati vietati. Gran parte della crescita economica è stata assorbita dall'industria degli armamenti.

Il regime non poteva essere all'altezza della pretesa di ridistribuire la ricchezza e di rendere disponibili alla massa della popolazione beni di consumo più costosi. Hitler riteneva che l'aumento del potere d'acquisto e l'ulteriore crescita sarebbero dipesi dall'accesso a materie prime strategiche e al petrolio, di cui la Germania era strutturalmente carente.

Anche a causa dei crescenti deficit fiscali, c'è sempre stata una carenza di valuta estera per acquistarla sul mercato mondiale. Dopo l'iperinflazione, era tabù svalutare il marco per promuovere le esportazioni.

Hitler, inoltre, non voleva più far parte del sistema finanziario ed economico internazionale controllato da Stati Uniti e Regno Unito. L'alternativa era assicurarsi l'accesso alle materie prime attraverso guerre di conquista.

24

Questa opzione si adattava molto meglio all'ideologia nazista. In essa la guerra non era solo un mezzo, ma un fine in sé. Nell'eterna battaglia tra le razze, il destino storico del superiore *Herrenvolk* ariano tedesco era quello di sottomettere e dominare gli *Untermenschen* slavi.

Nonostante l'intenso indottrinamento militarista e razzista, tuttavia, il popolo tedesco non è assolutamente entrato in uno stato d'animo di guerra. I servizi di sicurezza hanno riferito che, con gli orrori della precedente guerra mondiale ancora freschi nella mente, l'entusiasmo per un altro massacro era basso.

La *Wehrmacht* stessa non si considerò pronta per un conflitto militare fino al 1943. Versailles aveva limitato le dimensioni della Reichswehr a centomila uomini. Furono vietati i carri armati e l'aviazione; alla marina furono concesse solo navi più leggere. Nel marzo 1935 iniziò il riarmo aperto. Nonostante l'aumento costante delle spese militari, salite al 18% del PNL nel 1938, era difficile recuperare il ritardo. La maggior parte dei fondi è stata destinata a caserme, addestramento e bunker.

Non si poteva spendere abbastanza per armi pesanti costose e in rapido invecchiamento. A metà del 1939, la Wehrmacht disponeva di 9.000 cannoni, 2.500 carri armati, 2.300 aerei, 57 sottomarini e 45 navi di superficie. In tutti questi tipi di armi, sono rimasti indietro rispetto ai potenziali nemici. L'armamento portò a una mancanza di denaro che sembrava risolvibile solo attraverso una guerra di aggressione, ma che non era ancora sufficiente a garantire la vittoria per pura superiorità numerica in essa.

Poco dopo la guerra, si è diffusa la teoria secondo cui i nazisti avrebbero trovato una soluzione a questo problema nell'innovativa tattica della *guerra lampo*. Si diceva addirittura che esistesse una "strategia della guerra lampo": investendo in carri armati e concentrandoli in un piccolo numero di divisioni corazzate di alta qualità, si poteva sconfiggere il nemico in modo rapido e moderno, conquistando così il dominio del mondo in modo economico. Sebbene tali campagne siano state effettivamente condotte nei primi anni della guerra, le ricerche storiche degli anni '50 hanno rivelato che tale strategia non è mai esistita.

Hitler non aveva un piano elaborato per la conquista del mondo e conosceva solo vagamente l'importanza delle unità corazzate.

In seguito, divenne chiaro che non esisteva nemmeno una dottrina della guerra lampo. Nell'esercito tedesco dominava un pensiero piuttosto tradizionale e solido. Hitler era soprattutto un opportunista.

Cercando di portare le aree di lingua tedesca *Heim ins Reich*, cercò di entusiasmare il popolo tedesco almeno per un conflitto limitato. Un simile appello al diritto di autodeterminazione dei popoli potrebbe anche costringere a concessioni da parte di inglesi e francesi. Questi erano

27

sensibili a questo aspetto perché si sentivano minacciati da un avversario molto più pericoloso della Germania.

Nel 1928, Joseph Stalin aveva preso tutto il potere in Unione Sovietica. Il Paese iniziò a trasformarsi in una superpotenza. L'Armata Rossa divenne la più grande forza combattente del mondo. Il Regno Unito e la Francia temevano che Stalin intendesse scatenare una rivoluzione mondiale.

Hanno rafforzato il *cordone sanitario*, una catena di Stati anticomunisti. Già all'inizio degli anni '30 iniziarono a sviluppare più intensamente armi moderne. Tuttavia, in risposta alla Grande Depressione, si sono fatti dei tagli. Non erano disposti ad aumentare i loro bilanci per la difesa molto rapidamente. Speravano che uno Stato tedesco conservatore e militarmente forte potesse tenere sotto controllo l'Unione Sovietica.

Per questo motivo non intervennero quando la Germania annunciò un riarmo. Nel gennaio 1935, la Francia pose fine al suo mandato sulla Saar. Non intervenne nel marzo 1936 quando la Renania, liberata dalle truppe francesi nel 1930 a condizione di una smilitarizzazione permanente, fu rioccupata dalle truppe tedesche.

Così la vecchia Intesa non mantenne più l'ordine giuridico internazionale. Anche gli Stati Uniti, con forze terrestri minime e una popolazione fortemente favorevole all'isolazionismo, si tennero a distanza. I Paesi aggressivi hanno visto la loro opportunità. La Germania uscì dalla Società delle Nazioni nel 1933. Nell'ottobre 1935, l'Italia invade l'Abissinia.

Luglio 1937, il Giappone invade la Cina. La Germania si alleò con il Giappone nel Patto Anti-Komintern del 1936 e con l'Italia nell'asse Roma-Berlino. Le potenze dell'asse si legarono ancora di più nel Patto d'Acciaio del maggio 1939. Nel marzo 1938, la Germania costrinse l'Austria ad annettersi con l'*Anschluss*.

La Germania, sempre più potente e radicale, cominciava a incutere più timore nel Regno Unito e in Francia rispetto all'Unione Sovietica, nonostante la sua *guerra per procura* con l'Asse nella guerra civile spagnola. Stalin si concentrò sui suoi problemi interni e, temendo le sue forze armate, ne sterminò in gran parte il corpo ufficiali. britannici e francesi iniziarono ad armarsi vigorosamente.

TERRITORIES OF POLAND ANNEXED
BY THE THIRD REICH AND THE SOVIET UNION
(Lines of partition from 10/21/1939 to 6/22/1941)

Poiché disponevano già di una grande infrastruttura militare, di molta artiglieria ancora utilizzabile dalla guerra precedente e della moderna cintura di fortificazioni della Linea Maginot, sapevano di poter affrontare la Germania con breve preavviso.

31

Quando Hitler rivendicò i Sudeti di lingua tedesca dalla Cecoslovacchia nell'autunno del 1938, pensarono di scendere in battaglia.

La Cecoslovacchia era ben armata e disponeva di una forte cintura di fortezze; la Francia poteva invadere la Renania mentre il *Westwall* era ancora incompiuto. Tuttavia, il Primo Ministro britannico Neville Chamberlain volle dare un'altra possibilità alla *pace nel nostro tempo* e permise che il Trattato di Monaco unisse i Sudeti alla Germania.

Questa politica di pacificazione fallirebbe. Ha solo insegnato a Hitler che sarebbe stato ricompensato se non avesse mantenuto le sue promesse. Nel marzo del 1939, Hitler costrinse il nuovo Stato della Cecoslovacchia a dividersi nel Protettorato tedesco di Boemia e Moravia e nella Prima Repubblica Slovacca, uno Stato vassallo.

La vasta industria ceca delle attrezzature e degli armamenti finì nelle sue mani. Per il Regno Unito e la Francia era abbastanza e diedero garanzie militari alla Polonia. In risposta, i polacchi rifiutarono la richiesta di Hitler di cedere i loro territori di lingua tedesca e di diventare anch'essi uno Stato vassallo. I vertici militari tedeschi e anche molti leader nazisti temevano la guerra perché la Germania era tutt'altro che pronta ad affrontarla. Il 24 agosto, tuttavia, Hitler riuscì a ottenere un'enorme vittoria diplomatica.

L'Intesa aveva ipotizzato che l'Unione Sovietica si sarebbe comunque rivolta contro la Germania nazista, suo nemico ideologico. Tuttavia, Hitler offrì a Stalin di dividere l'Europa orientale tra di loro in cambio della neutralità e della fornitura di materie prime. Concludono il Patto Molotov-Ribbentrop. Hitler presumeva ormai che gli inglesi e i francesi si sarebbero nuovamente astenuti da una risposta militare. Alle 05:00 del 1° settembre la Germania invade la Polonia. Il Regno Unito e la Francia hanno annunciato che avrebbero rispettato i loro obblighi di trattato nei confronti della Polonia.

Il 2 settembre, il ministro degli Esteri italiano Galeazzo Ciano propose una conferenza dei cinque Stati a San Remo, dopo un armistizio. Il Regno Unito pose come condizione che la Germania ritirasse prima le sue truppe dalla Polonia; quando questo non si concretizzò, il Regno Unito si rivolse alla Germania con una dichiarazione di guerra formale già in serata e alla Francia nella notte del 3 settembre, rendendo la Seconda Guerra Mondiale un fatto irrevocabile.

La guerra in Europa

L'invasione della Polonia

Seguendo il piano Fall Weiss, la Germania invase la Polonia il 1° settembre 1939. In quanto guerra di aggressione, questa invasione contravveniva al patto Briand-Kellogg, firmato anche dalla Germania nel 1928. L'apparente giustificazione è servita come incidente di Gleiwitz. I francesi avevano promesso alla Polonia di aprire un fronte occidentale in Germania con 60 divisioni, ma in realtà si limitarono alla debole offensiva della Saar con nove divisioni. Questo permise ai tedeschi di lanciare un forte attacco principale dalla Slesia verso Varsavia. I polacchi erano indeboliti perché non avevano ancora mobilitato completamente il loro esercito per non provocare Hitler e avevano concentrato importanti forze intorno a Poznań per un attacco a sorpresa verso Berlino. Dopo diversi giorni di pesanti combattimenti, il fronte polacco di fronte alla Slesia si spezzò. Tuttavia, l'avanzata della forza principale tedesca subì un'imboscata sul fianco sinistro da parte dell'esercito polacco a Posen. Riuscirono a scrollarsela di dosso e a distruggerla, dopodiché posero l'assedio a Varsavia. Nel frattempo, le forze corazzate tedesche avevano tagliato il corridoio di Danzica per attaccare Varsavia da est attraverso la Prussia orientale. I tentativi di prendere d'assalto la città fallirono, ma dopo un bombardamento la capitale capitolò il 28 settembre. I tedeschi iniziarono immediatamente a uccidere sistematicamente tutti gli intellettuali polacchi.

L'Unione Sovietica invase la Polonia orientale il 17 settembre 1939 con il pretesto di proteggere le minoranze bielorusse e ucraine. Ufficialmente, il Paese rimase neutrale. I combattimenti in Polonia terminarono il 6 ottobre 1939, ma l'esercito polacco dei Carpazi e il governo si dirottarono in Francia attraverso la Romania, dove ricostituirono unità di combattimento che dovettero fuggire nuovamente nel 1940, in Inghilterra.

Guerra crepuscolare

Dopo ottobre, i francesi terminarono la loro offensiva. In seguito, non ci furono quasi più contatti di combattimento al confine franco-tedesco. Entrambe le parti si sono astenute dai bombardamenti strategici. Questa guerra crepuscolare, che sarebbe continuata fino all'aprile del 1940, fu chiamata "*phoney war*" in inglese e "*drôle de guerre*" in francese; "*Sitzkrieg*" in tedesco.

Tuttavia, la calma sui fronti nascondeva una febbrile attività di preparazione delle future campagne. La Germania offrì la pace, ma gli Alleati rifiutarono di accettare l'occupazione della Polonia. Speravano di esaurire il nemico con un blocco economico, come nella Prima Guerra Mondiale. Tuttavia, i rifornimenti sovietici renderebbero difficile questa operazione. Per questo motivo, si ricorse a una vera e propria economia di guerra per accumulare un eccesso di uomini e materiali per sconfiggere la Germania. Il Regno Unito aveva già introdotto la coscrizione nell'aprile del 1939 e la Francia, che aveva poche reclute a causa dei bassi tassi di natalità, le importò *in massa* dal Nord Africa. Per le decine di migliaia di carri armati e di aerei di cui aveva bisogno, voleva arruolare il più grande Paese industriale del mondo, gli Stati Uniti d'America. Le leggi sulla neutralità degli Stati Uniti vietavano di fornire materiale bellico a un belligerante ma, il 5 novembre 1939, il presidente Franklin Delano Roosevelt introdusse il sistema *cash-and-carry*: i belligeranti potevano acquistare armi se potevano pagarle immediatamente e trasportarle da soli. Ciò favorì notevolmente l'Intesa, perché la Germania non poteva fare né l'una né l'altra cosa. Tra l'altro, non c'era fretta. Si prevedeva di essere pronti per un attacco alla Germania non prima dell'estate del 1941 e probabilmente non prima del 1942, quando il Regno Unito sperava di schierare cinquantacinque divisioni, tutte motorizzate, la forza combattente più moderna del mondo.

Per i vertici militari tedeschi si trattava di una prospettiva desolante. Prevedevano che la Germania non sarebbe stata in grado di tenere il passo con il ritmo degli armamenti. Il denaro e le materie prime strategiche sarebbero disperatamente a corto di risorse. Nel marzo 1940, le importazioni tedesche si erano ridotte dell'80%. Il massimo che si poteva sperare era un altro stallo, ma una guerra così prolungata avrebbe ulteriormente impoverito il Paese. Pertanto, quando Hitler ordinò un attacco all'Ovest già prima di ottobre, gli fu ricordato che le munizioni erano per il momento esaurite. Tuttavia, nel breve periodo, l'equilibrio di potere si sposterebbe leggermente a favore della Germania. L'attacco alla Polonia era stato reso possibile da una trentina di divisioni altamente professionali dell'esercito permanente, circa seicentomila uomini. Frettolosamente, avevano poi iniziato ad addestrare 1,1 milioni di reclute e 1,7 milioni di veterani della Prima Guerra Mondiale. Quando questo fu completato nella primavera del 1940, la Germania aveva acquisito una grande forza di combattimento con cui migliorare la sua posizione, forse manovrando prima che l'accumulo alleato rendesse il suo fronte intoccabile. Il miglior tattico tedesco, Heinz Guderian, e lo stratega Erich von Manstein, elaborarono insieme un audace piano a tal fine nell'autunno del 1939. L'esercito doveva avanzare a destra attraverso le Ardenne, attraversare la Mosa e poi fare una profonda penetrazione strategica con i carri armati fino alla Manica. Questo tipo di attacco, a cui in seguito sarebbe stato attribuito il nome di *Blitzkrieg*, era stato molto discusso nei libri prima della guerra, ma non era stato accettato come metodo da nessun esercito nel 1939. Il piano fu portato all'attenzione di Hitler, che costrinse il Capo di Stato Maggiore Franz Halder ad

39

adottare almeno l'elemento delle Ardenne, anche se la scarsa rete stradale avrebbe reso tale avanzata molto rischiosa. Tuttavia, a suo avviso, non c'era alternativa: senza una tale scommessa, avrebbero perso comunque.

L'espansione sovietica

Nel 1939, l'Unione Sovietica aveva sostituito Maksim Litvinov come ministro degli Esteri con Vyacheslav Molotov, dopo di che il Paese sembrava aver intrapreso una rotta anti-occidentale. Nel 1939 l'Unione Sovietica costrinse Estonia, Lettonia e Lituania ad accettare le guarnigioni dell'Armata Rossa.

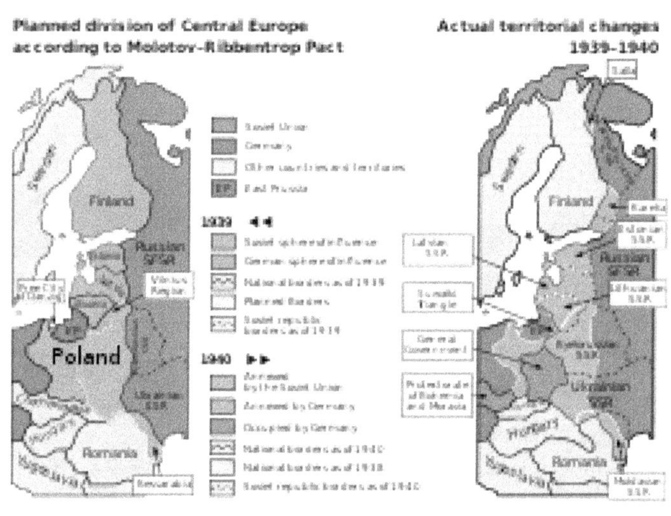

In realtà, nell'agosto 1939 era stato concordato che la Lituania sarebbe rientrata nella sfera d'influenza tedesca - la Germania aveva già dovuto cedere il Memelland nel marzo 1939 - ma il territorio fu scambiato con una striscia

41

di territorio polacco aggiunto al Governo Generale, il cuore della Polonia non annesso dalla Grande Germania. Alla Lituania è stata assegnata anche una striscia di territorio polacco, con la città di Vilnius.

Stalin voleva che la Finlandia annettesse l'istmo careliano, vicino a Leningrado, la seconda città dell'URSS, in cambio di una striscia di territorio finlandese nella Carelia orientale. Il governo finlandese rifiutò perché sull'istmo si trovava la linea Mannerheim, essenziale per la difesa finlandese.

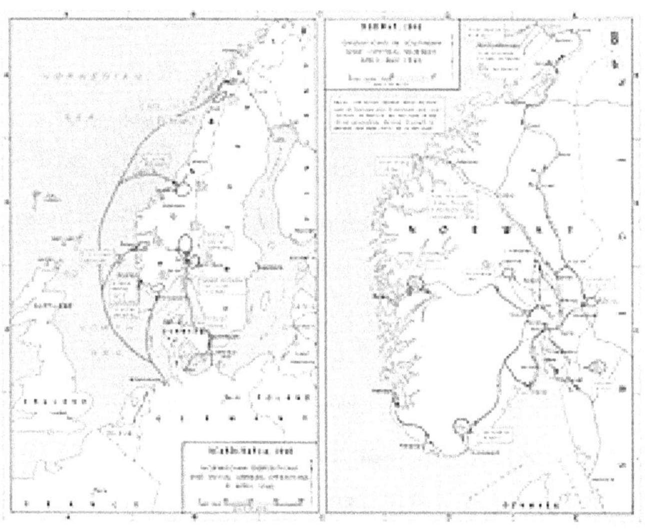

Il 30 novembre 1939, l'Armata Rossa lanciò un'offensiva per conquistare la Finlandia. In questa guerra d'inverno,
42

tuttavia, rimasero impantanati sulla linea Mannerheim, mentre le divisioni corazzate che avanzavano a nord sui sentieri ghiacciati delle foreste furono martoriate dai finlandesi.

Si persero duemila carri armati e duecentomila uomini contro i venticinquemila dei finlandesi. Anche il gabinetto francese stava valutando la possibilità di dichiarare guerra all'Unione Sovietica e di venire in aiuto del piccolo Paese coraggioso. Allo stesso tempo, in Germania si risvegliarono i vecchi sentimenti filofinnici.

In seguito Stalin fece forzare la linea Mannerheim da un grosso contingente di truppe e si accontentò dell'istmo e della Carelia orientale all'armistizio del 13 marzo 1940. L'evento offuscò gravemente il prestigio dell'Armata Rossa e contribuì notevolmente alla sottovalutazione tedesca della sua forza militare.

L'Unione Sovietica ha annesso gli Stati baltici e la Bessarabia e la Bucovina settentrionale della Romania nel 1940, dopo la caduta della Francia. Centinaia di migliaia di residenti di queste aree sono stati deportati a est.

Danimarca e Norvegia

La Norvegia era importante per la guerra tedesca in quanto via di rifornimento del minerale di ferro svedese, che rappresentava la metà della produzione di acciaio tedesca, e potenziale base della flotta della *Kriegsmarine*. I tedeschi, quindi, pianificarono un'invasione a partire dalla fine del 1939, ma anche i britannici lo fecero, in parte nel contesto di un possibile aiuto alla Finlandia.

Su iniziativa di Hitler, fu preparata l'operazione Weserübung, l'occupazione della Norvegia. Alla fine di febbraio si aggiunse l'invasione della Danimarca. Il 3 aprile 1940 partirono le prime navi di rifornimento e il 6 aprile la flotta da guerra tedesca salpò per la Norvegia. Contemporaneamente all'invasione tedesca, gli Alleati avevano pianificato un'operazione di posa di mine nelle acque norvegesi per bloccare la via di approvvigionamento tedesca di minerale di ferro. L'8 aprile, i britannici posero delle mine nel Vestfjord, al largo di Narvik. Gli Alleati volevano anche effettuare sbarchi limitati in Norvegia per proteggere quei campi minati. Tuttavia, l'invasione tedesca vanificò questi piani.

Il 9 aprile i tedeschi sbarcarono a Oslo, Bergen, Trondheim, Kristiansand, Egersund e Narvik. L'atterraggio a Oslo è parzialmente fallito. Il Forte Oscarsborg affondò prima l'incrociatore pesante *Blücher* e poi danneggiò pesantemente la corazzata *Lützow. Lo* sbarco a Narvik ebbe successo, ma il 10 e il 13 aprile dieci cacciatorpediniere tedesche furono abbattute dai contrattacchi della flotta britannica.Il 15 aprile, i britannici effettuarono sbarchi nella Norvegia centrale a Namsos e Åndalsnes. Tuttavia, le loro forze di spedizione furono sconfitte dai tedeschi. Altri contrattacchi di successo ebbero luogo nei pressi di Narvik, il principale porto di transito per il minerale di ferro. Le truppe francesi e britanniche riconquistano il porto. Quando la Francia fu minacciata, evacuarono il corpo di spedizione. Durante il processo, il dirigibile *Glorious* fu affondato dalle corazzate *Scharnhorst* e *Gneisenau*. L'esercito norvegese capitolò il 9 giugno 1940. Il re e il governo fuggirono in Inghilterra. La flotta di superficie tedesca fu definitivamente indebolita dalle perdite.

Il 9 aprile, le truppe tedesche attraversarono il confine danese e conquistarono Copenaghen. Dopo due ore di battaglia, il governo danese si arrese ancor prima di aver avuto il tempo di dichiarare guerra alla Germania.

Ufficialmente, la Danimarca rimase un Paese neutrale non

occupato, con una piccola guarnigione tedesca, ma anche

un proprio re, un gabinetto, un parlamento e forze armate.

I britannici occuparono le Isole Faroe il 12 aprile e l'Islanda

il 10 maggio, che fu posta sotto l'amministrazione

statunitense nel 1941. Anche la Groenlandia si mise sotto

il dominio degli Stati Uniti più tardi, nel 1941, di propria

iniziativa, anche prima che gli Stati Uniti diventassero parte

belligerante. Nell'agosto 1943, la Danimarca era ancora

sotto il dominio militare tedesco. L'Islanda ha dichiarato la

propria indipendenza nel 1944.

La campagna occidentale del 1940

Il 10 maggio 1940, la Wehrmacht tedesca iniziò ad attuare il *Fall Gelb*, il piano di occupazione dei Paesi Bassi, del Belgio e del Lussemburgo per bombardare l'Inghilterra da lì. Inoltre, bloccò una possibile via d'avanzata per le offensive previste dell'Intesa.

Gli Alleati, pur possedendo una superiorità numerica di uomini, carri armati e artiglieria, volevano comunque ottenere la vittoria attraverso un'abile strategia. Si sperava di utilizzare un attacco diversivo del Gruppo d'armate B per attirare le migliori truppe britanniche e francesi a nord e poi tagliarle fuori attraverso le Ardenne.

Le difese olandesi furono colte alla sprovvista dai massicci sbarchi aerei tedeschi. Sebbene un attacco all'Aia sia fallito, il *9. La Panzerdivision* entrò nella Fortezza Olanda. Gli Heinkel He 111 effettuarono il bombardamento di Rotterdam il 14 maggio e minacciarono di distruggere Utrecht, dopo di che il Comandante in Capo Generale Winkelman si arrese nel tardo pomeriggio alle sue truppe nei Paesi Bassi, ad eccezione della Zelanda. La mattina di mercoledì 15 maggio 1940 fu firmato l'accordo di capitolazione militare. Il governo, la regina Guglielmina e la marina fuggirono in Inghilterra.

La British Expeditionary Force e la 7a e 1a Armata francese si uniscono all'esercito belga nel Belgio centrale. Nel frattempo, il Gruppo d'armate A si muoveva attraverso le Ardenne. Il 13 maggio, bombardamenti continui e massicci spezzarono il fronte principale francese a Sedan e la fanteria motorizzata tedesca attraversò la Mosa.

Contrariamente al piano di Halder, i generali corazzati tedeschi, come Guderian e Erwin Rommel, lasciarono le teste di ponte senza aspettare i rinforzi e, nello stile di una *guerra lampo*, effettuarono una penetrazione strategica verso la Manica, che fu raggiunta il 20 maggio.

Tuttavia, un "ordine di ripiego" di Hitler, sopraffatto dal successo, impedì che Dunkerque fosse presa immediatamente, e attraverso quel porto 330.000 truppe britanniche e francesi riuscirono a sfuggire all'accerchiamento nell'evacuazione di Dunkerque fino al 2 giugno, lasciandosi dietro il loro equipaggiamento pesante. Tuttavia, l'esercito belga capitolò il 28 maggio, ponendo fine alla Campagna dei Diciotto Giorni. Leopoldo III del Belgio rimase nel Paese, ma il governo si sommerse.

Il successo tedesco era stato superiore a quanto si osava sperare e si decise di sfruttarlo sconfiggendo
49

immediatamente la Francia nel suo complesso, secondo il piano *Fall Rot*. Il 5 giugno iniziò un attacco sulla Somme, seguito il 9 giugno da un'offensiva principale che aprì il centro del fronte francese. La tattica della penetrazione strategica era ormai stata abbracciata dal comando supremo tedesco. Il 14 giugno Parigi fu dichiarata città aperta e il 17 giugno i carri armati tedeschi raggiunsero il confine svizzero, accerchiando la Linea Maginot. L'Italia dichiarò guerra il 10 giugno, limitandosi a deboli scontri di confine.

La Germania avrebbe potuto facilmente conquistare tutta la Francia, ma Hitler era desideroso di raggiungere un accordo con un governo francese per evitare di continuare la guerra dalle colonie e anche per attirare gli inglesi alla pace. Il 22 giugno 1940, la Francia firmò un armistizio in cui cedette l'Alsazia-Lorena e il Paese fu diviso in una zona di occupazione settentrionale e in uno Stato fantoccio sud-orientale di Vichy-Francia, con il maresciallo conservatore-nazionalista Philippe Pétain come capo di Stato. Tuttavia, il generale Charles de Gaulle aveva già annunciato il 18 giugno che avrebbe continuato la lotta come leader dei Francesi Liberi, che per il momento avevano solo un seguito minimo. A Roma, il 24 giugno, la

Francia cedette all'Italia una zona di 800 km². Il 3 luglio, gli inglesi affondarono parte della flotta francese nell'attacco a Mers-el-Kébir, temendo che cadesse in mano tedesca.

La battaglia d'Inghilterra

Dopo la sconfitta francese, Hitler attese invano un'offerta di pace britannica. Il nuovo primo ministro Winston Churchill, succeduto a Neville Chamberlain il 10 maggio 1940, voleva che la guerra continuasse. È vero che le forze terrestri britanniche erano per il momento deboli, ma la superiorità della Royal Navy, la più grande flotta del mondo, rendeva praticamente impossibile un'invasione tedesca. Anche Hitler e la marina tedesca lo riconobbero. Sperando di intimidire gli inglesi, ordinò comunque i preparativi per l'operazione Seelöwe, uno sbarco, il 16 luglio 1940. Inizialmente mancavano la pianificazione e i mezzi da sbarco. Per dare una parvenza di possibilità, la Luftwaffe, l'unità delle forze armate tedesche meglio equipaggiata, tentò di ottenere la superiorità aerea per quasi due mesi eliminando i campi di aviazione della Royal Air Force nell'Inghilterra meridionale. A causa del rapido aumento della produzione di aerei britannici e di una nuova rete di installazioni radar, questo era molto difficile. Entrambe le parti erano esauste.

Il bombardamento accidentale di un'area residenziale di Londra il 24 agosto 1940 portò a un attacco di rappresaglia britannico su Berlino. Hitler ordinò un massiccio bombardamento di Londra. A partire dal 7 settembre 1940, si cercò di spezzare la volontà di guerra degli inglesi con bombardamenti sistematici sulla popolazione civile, ma questo si rivelò un errore fatale. Le migliaia di vittime e i danni subiti a Londra e in altre città non hanno abbattuto il morale. La Germania non aveva una forza di bombardieri strategici e non era fisicamente in grado di devastare l'Inghilterra. La RAF recupera i suoi campi d'aviazione e infligge perdite sempre più pesanti ai tedeschi. *Seelöwe* è stata ritardata e infine annullata. La Luftwaffe aveva perso più di 1.500 aerei, che sarebbero saliti a 3.332 alla fine di marzo 1941.

Per Churchill, il successo è stato una grande spinta. Dimostrò che i tedeschi potevano essere sconfitti e convinse il popolo britannico della necessità e della fattibilità di continuare a combattere. L'eroica resistenza conquistò la piena simpatia della popolazione americana e rese più facile per Roosevelt perseguire una politica filo-britannica.

Strategia tedesca e statunitense

La caduta della Francia fu uno shock per il mondo intero.
Ciò implicava uno sconvolgimento della situazione
geostrategica. La Francia aveva la reputazione di essere
la più forte potenza terrestre del mondo. Tale status
spettava ora alla Germania, che stava conquistando
l'egemonia sul continente europeo.

I nazisti la vedevano come l'istituzione di un Nuovo Ordine.
Le democrazie liberali "decadenti" erano giunte al termine.
Le quattro grandi dittature totalitarie potrebbero spartirsi il
mondo, soprattutto l'Impero britannico: all'Italia spetterebbe
l'Africa, all'Unione Sovietica l'India e al Giappone il Sud-Est

asiatico. Tuttavia, non si sarebbe arrivati a un'alleanza pacifica. La vittoria alimentò le manie di grandezza di Hitler.

Si illuse che ciò fosse dovuto al suo genio come generale di campo. Cominciò a credere alla propria propaganda secondo cui la *Wehrmacht* era una "macchina da guerra invincibile". Non volendo rimanere dipendente dai rifornimenti di Stalin, ordinò i preparativi per la sottomissione dell'Unione Sovietica già nel giugno 1940. Se il Regno Unito avesse fatto la pace, avrebbe lanciato un attacco a est a settembre.

Il popolo tedesco fu molto sollevato dalla rapida vittoria, con solo una frazione del numero di morti della Prima Guerra Mondiale. Hitler raggiunse l'apice della sua popolarità.

Le persone si aspettavano anche di raccogliere i benefici economici di questa situazione, in termini di un più alto tenore di vita. Beni di lusso come il caffè e il cacao, saccheggiati dalla Francia e dai Paesi Bassi, divennero disponibili per un breve periodo. Tuttavia, un'ulteriore crescita della prosperità non era prevista. Al contrario, a causa del passaggio a un'economia di guerra, la produzione di beni di consumo diminuì.

I raccolti alimentari sono diminuiti perché le fabbriche di fertilizzanti sono passate alla produzione di esplosivi. Hitler cercò di alleviare il dolore limitando il sequestro delle spese militari sul PNL al 38%, rispetto al 60% che sarebbe stato raggiunto nel 1943. Ciò ha imposto scelte chiare nell'utilizzo della limitata capacità produttiva. Un piano costoso e incerto per lo sviluppo di una bomba atomica è stato rifiutato in anticipo.

In una guerra su due fronti, Hitler voleva sconfiggere contemporaneamente il Regno Unito e l'URSS. Sperava di ottenere il primo risultato costruendo centinaia di sottomarini. Inoltre, il potere aereo è rimasto un sequestro del 40% della produzione di armi.

La scarsità di minerale di ferro e di manodopera impedì la produzione delle decine di migliaia di carri armati che secondo Guderian erano necessari per una guerra potenzialmente prolungata a est. Si pensava quindi ottimisticamente che le nuove tattiche di *Blitzkrieg* garantissero una rapida vittoria sull'Armata Rossa.

Anche gli americani sono rimasti scioccati. Per la prima volta la popolazione cominciò a vedere la Germania nazista come una seria minaccia. Roosevelt arrivò a credere che la partecipazione degli Stati Uniti alla guerra a fianco del Regno Unito fosse inevitabile. Tuttavia, dovette agire con cautela perché l'isolazionismo era ancora molto forte. All'inizio del giugno 1940, per ordine presidenziale, inviò agli inglesi vecchie scorte di armi e munizioni. Il 2 settembre concordò con Churchill l'*accordo Destroyers-for-bases*: in cambio di 50 vecchi cacciatorpediniere, molto utili per il servizio dei convogli, le basi britanniche nell'emisfero occidentale furono affittate agli americani. Il 16 settembre gli Stati Uniti introducono il servizio di leva. Quando Roosevelt fu rieletto per la seconda volta in novembre, poté agire più apertamente a favore degli inglesi. Il 29 dicembre, in un talk show radiofonico, ha definito gli Stati Uniti "l'arsenale della democrazia" e ha annunciato un massiccio programma di produzione di armi. Consigliato come mezzo per far combattere gli inglesi al posto degli americani, fu in realtà utilizzato soprattutto per trasformare la più grande economia del mondo in una superpotenza militare. L'11 marzo 1941 entrò in vigore la legge sui prestiti e le locazioni. Questo permise al governo statunitense di affittare gratuitamente ad altri alleati materiale bellico per un valore di 50 miliardi di dollari durante la guerra. Il 14 agosto 1941, il Regno Unito e gli Stati Uniti conclusero la Carta Atlantica che definiva la loro visione della situazione postbellica. Nella seconda metà del 1941, le navi di superficie statunitensi scortarono i convogli nell'Atlantico occidentale e attaccarono i sottomarini tedeschi.

La battaglia dell'Atlantico

I sottomarini tedeschi avevano già affondato il dirigibile britannico *Courageous* e la corazzata *Royal Oak* nel 1939. Il tallone d'Achille del Regno Unito era il fatto che il 70% degli alimenti doveva essere importato. Un blocco efficace potrebbe quindi affamare la Gran Bretagna. A partire dal 1940, utilizzando i porti francesi e un numero crescente di sottomarini, la *Kriegsmarine* tentò di affondare più navi mercantili britanniche di quante ne potessero essere costruite.

Nel 1941, stavano già perdendo quella gara a causa dell'efficace sistema di navigazione in convogli scortati.

59

Dopo la dichiarazione di guerra agli Stati Uniti, l'obiettivo divenne del tutto impossibile nonostante l'operazione Paukenschlag per colpire la navigazione costiera statunitense.

Nel maggio 1943, il numero di sottomarini tedeschi operativi raggiunse il picco di 240. Le perdite alleate furono elevate, ma poi diminuirono rapidamente con l'introduzione di sistemi sonar e radar per individuare i sottomarini, di pattuglie aeree a lungo raggio e con la decifrazione dei codici Enigma per criptare le comunicazioni militari tedesche.

Anche se 3.500 navi mercantili alleate furono affondate nell'Atlantico, i tedeschi persero 783 sottomarini. Per loro, gli enormi investimenti in armamenti sottomarini non ebbero alcun impatto positivo sul corso della guerra.

Oltre ai sottomarini, la Germania poteva dare la caccia ai mercantili alleati anche con grandi navi di superficie, i *raider*. Tuttavia, non ne hanno avuti molti. Dopo aver perso la corazzata *Bismarck* nel maggio 1941, non si avventurarono più a ovest delle isole britanniche. Tuttavia,

attaccarono i convogli alleati diretti a Murmansk dai fiordi
norvegesi fino al 1944.

attaccarono i convogli alleati diretti a Murmansk dai fiordi

Guerra aerea

A differenza della Germania, tuttavia, il Regno Unito avrebbe prodotto in serie bombardieri strategici quadrimotore con una lunga autonomia di volo. A partire dal febbraio 1941, cercò di colpire i centri abitati e le industrie tedesche.

Fino al 1944, questa era l'unica opzione per attaccare direttamente la Germania. All'inizio i bombardamenti ebbero scarso effetto, in parte a causa della necessità di operare solo di notte per sicurezza.

Nel 1942, gli Stati Uniti si unirono alla guerra aerea. Il B-17 Flying Fortress, pesantemente armato, permetteva agli americani di volare anche di giorno. Nel 1943, gli Alleati erano diventati così forti da poter iniziare a distruggere sistematicamente tutte le città tedesche. Ciò costrinse i tedeschi a investire in un'ampia fascia di installazioni radar, campi d'aviazione e cannoni antiaerei, in Francia, nei Paesi Bassi e nella stessa Germania. Ciò ha ridotto le forniture di armi ai fronti.

Nel 1944, il 20% della produzione di munizioni tedesche e il 30% delle armi a tiro diretto fabbricate erano destinate alla contraerea. All'inizio del 1944 si rese disponibile il P-51 Mustang, un caccia a lungo raggio in grado di scortare i bombardieri in Germania. A metà del 1944, gli Alleati conquistarono la Francia, che aprì un varco nelle difese aeree tedesche e permise loro di utilizzare basi vicine alla Germania.

L'efficacia dei bombardamenti a tappeto è stata limitata. Il morale della popolazione civile non ne risentì e la produzione dell'industria bellica tedesca continuò a crescere ogni anno. Solo nella seconda metà del 1944 la produzione industriale tedesca subì un brusco calo.

La guerra aerea richiese un enorme impegno di uomini e mezzi da entrambe le parti. Nel 1944/1945 gli Alleati utilizzarono la Gran Bretagna come base d'attacco per una flotta aerea di trentamila bombardieri e caccia, quindici volte superiore a quella che la *Luftwaffe* aveva a disposizione in Occidente all'epoca. Le perdite degli Alleati furono elevate, pari a quarantamila aerei, ma la loro grande capacità di produzione compensò. I tedeschi persero in totale cinquantamila aerei in questa battaglia. Gli Alleati sganciarono un milione e mezzo di tonnellate di bombe sulla Germania, uccidendo mezzo milione di civili tedeschi.

Africa e Mediterraneo

L'Italia, con un esercito debole e una capacità industriale limitata, si imbarcò in una serie di avventure militari in cui solo l'aiuto tedesco evitò una rapida sconfitta. Nell'agosto 1940 occupò il Somaliland britannico. Una controffensiva britannica fino al novembre 1941 causò la perdita del Somaliland italiano, dell'Eritrea e dell'Abissinia.

Il 13 settembre 1940, duecentomila uomini invasero dalla Libia il Regno d'Egitto controllato dagli inglesi, minacciando il Canale di Suez e i giacimenti petroliferi di
65

Iraq e Persia. In questo modo, i britannici catturarono la Libia orientale. La flotta italiana fu in gran parte eliminata. L'Afrika Korps tedesco sotto Erwin Rommel riconquistò la Cirenaica all'inizio del 1941.

Dopo aver perso nuovamente la zona alla fine del 1941, Rommel avanzò prima a Gazala e poi a El Alamein nel 1942, a soli 106 chilometri a ovest di Alessandria. Non riuscì più a sfondare la posizione britannica.

I Balcani

L'Albania era già stata occupata dagli italiani nell'aprile 1939. Mussolini, geloso dei successi tedeschi, diede inizio alla guerra greco-italiana il 28 ottobre 1940.

L'offensiva italiana si arenò e una controffensiva greca dopo il 14 novembre 1940 gettò gli italiani ben oltre il confine albanese. In un primo momento, i greci rifiutarono il sostegno britannico, per non provocare Hitler. A Creta era consentita solo una piccola base.

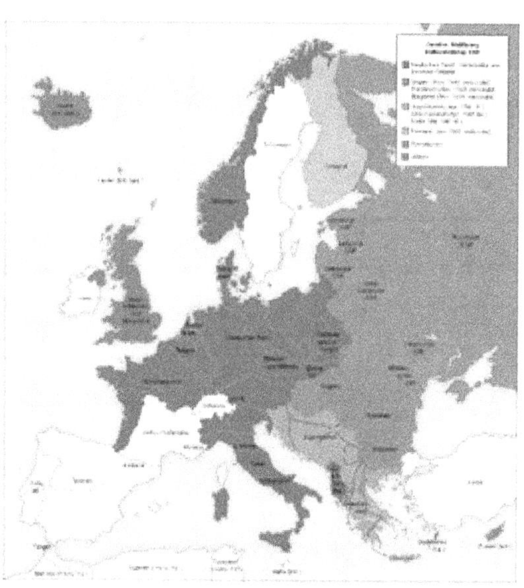

La Germania iniziò ad apportare modifiche territoriali nei Balcani.

La principale vittima fu la Romania, che dovette cedere Zevenburgen all'Ungheria, la Bessarabia all'Unione Sovietica e la Dobroedzja meridionale alla Bulgaria. Dopo l'ingresso delle truppe tedesche in Bulgaria, i greci permisero alle truppe britanniche di sbarcare sulla loro terraferma.

Anche la Jugoslavia si unì all'Asse, ma il 27 marzo 1941 si verificò un colpo di stato in risposta. Nell'invasione della Jugoslavia, le forze tedesche, italiane, ungheresi e bulgare travolsero quindi le frammentate difese jugoslave a partire dal 6 aprile 1941. Contemporaneamente, le forze tedesche invadono la Grecia dalla Bulgaria.

I greci non riuscirono a rinforzare sufficientemente la linea Metaxas e a collegarla al fronte albanese, cosicché la forza greco-britannica cedette sotto la supremazia tedesca. Il 27 aprile 1941 Atene cadde. Il 20 maggio i paracadutisti tedeschi effettuarono uno sbarco a Creta, che riuscirono a strappare agli inglesi dopo 10 giorni di pesanti combattimenti. La Jugoslavia e la Grecia furono divise. La campagna portò a un ritardo nei preparativi tedeschi per l'invasione dell'Unione Sovietica.

Le potenze dell'Asse erano apparentemente in controllo dei Balcani, ma avrebbero dovuto affrontare una feroce lotta partigiana in Jugoslavia, Albania e Grecia, che gli Alleati occidentali sostennero con forniture di armi e legando molte divisioni. Anche i movimenti di resistenza nazionalisti e comunisti si scontrarono tra loro, dando vita alla guerra civile greca che durerà fino al 1949.

In Jugoslavia e in Albania, i comunisti erano abbastanza forti da cacciare i tedeschi da vaste aree più o meno da soli, consentendo loro di rimanere dei cani sciolti nel blocco comunista del dopoguerra. Dalla Grecia, i tedeschi si ritirarono di propria iniziativa alla fine del 1944, quando l'avanzata dell'Armata Rossa minacciò di tagliarli fuori.

Il fronte orientale

La battaglia sul fronte orientale fu il conflitto centrale in Europa tra il 1941 e il 1945, in cui le due maggiori potenze europee determinarono in larga misura l'esito della guerra. Il nazionalsocialismo voleva ottenere *il Lebensraum* sterminando gli ebrei a est, distruggendo il comunismo e, secondo il *Generalplan Ost,* sottomettendo in modo permanente una popolazione slava impoverita a uno strato superiore di colonizzatori germanici. Più che una ricerca imperialista di territori o risorse, si trattava di una lotta esistenziale tra la vita e la morte per entrambi gli Stati.

Il fronte orientale subì il maggior numero di vittime, tra i civili e i soldati. Dei 3.251.868 morti e dispersi dell'esercito da campo tedesco fino al 30 novembre 1944, data oltre la quale non si hanno dati precisi, 2.416.784 caddero sul fronte orientale. Questo riflette il dispiegamento relativo di uomini, rifornimenti ed equipaggiamenti.

Sul fronte orientale, la Germania fu sconfitta. Poiché il logoramento sugli altri fronti era molto minore e le forze aeree, antiaeree o navali occupavano un terzo delle forze militari disponibili, solo una minoranza della forza totale

della Germania si trovava a est in qualsiasi momento.
Sebbene gli effettivi della Wehrmacht fossero saliti a quasi
10 milioni nel 1943, la sua forza sul fronte orientale scese
sotto i tre milioni, in parte perché la maggior parte di essi
fece di tutto per essere schierata altrove. L'Armata Rossa
registrò la morte di 6.329.000 soldati.

Operazione Barbarossa

Il 22 giugno 1941, l'esercito tedesco era all'apice della sua
potenza bellica, con una massa di 153 divisioni pronte a
pieno regime e completamente rifornite per l'invasione
dell'Unione Sovietica.

Più di tre milioni di soldati tedeschi, equipaggiati con 3580
carri armati, 7184 cannoni e 2740 aerei, iniziarono
l'Operazione Barbarossa, supportati dagli eserciti rumeno
e finlandese. L'esercito rosso, molto più grande, con quasi
sei milioni di soldati, 25.700 carri armati e 18.700 aerei, era
inferiore per esperienza, competenza, addestramento,
capacità di combattere e supporto logistico. Nella prima
fase, i sovietici commisero l'errore di cercare di imitare la
moderna guerra di movimento tedesca, invece di scavare
o posizionarsi in profondità. Di conseguenza, le loro

armate di confine e i loro corpi meccanizzati furono circondati e distrutti nel giro di cinque settimane.

Alla fine di luglio, la Germania sembrava aver vinto la guerra contro l'Unione Sovietica e con essa l'intera Seconda Guerra Mondiale. Gli ordini di armi per l'esercito sono stati fortemente ridotti.

Il Gruppo d'armate Nord doveva ora avanzare verso Leningrado, il Gruppo d'armate Sud doveva raggiungere i giacimenti petroliferi del Caucaso e il Gruppo d'armate Centro doveva catturare Mosca. Prima di ottobre, tutta l'area a ovest del Volga doveva essere occupata prima che il fango autunnale rendesse impraticabile la rete stradale

72

non asfaltata. Non ci si aspettava più una resistenza significativa.

In effetti, grandi eserciti sovietici si stavano nuovamente formando sulla linea Luya - Smolensk - Kiev. La gente aveva gravemente sottovalutato la capacità di mobilitazione dell'Armata Rossa: avrebbe richiamato quasi 30 milioni di riservisti e reclute fino alla fine della guerra.

La battuta d'arresto portò a una crisi del comando tedesco. Si cominciò a capire che la battaglia non sarebbe durata pochi mesi ma molti anni, mentre il Paese non era preparato a una guerra prolungata. L'esercito tedesco utilizzò il mese di agosto per rifornirsi e stabilire una nuova strategia.

In questo modo, si verificò un secondo sviluppo minaccioso per i tedeschi: Hitler, pur essendo un dilettante allo sbaraglio, iniziò a interferire sempre più con il comando operativo. Ordinò al Gruppo d'armate Centro di virare verso sud per unirsi al Gruppo d'armate Sud nel distruggere l'esercito sovietico vicino a Kiev. Una volta che le truppe erano tornate in posizione, l'offensiva contro Mosca si bloccò in ottobre. Durante le prime gelate,

73

raggiunsero la linea Leningrado-Mosca-Rostov, ma poi le truppe, mal rifornite, furono colpite dal freddo russo, senza equipaggiamento invernale. La prima vera controffensiva dell'Unione Sovietica nel dicembre e gennaio 1942 fece arretrare il Gruppo d'Armate Medio di quasi duecento chilometri.

L'11 dicembre Hitler dichiara guerra agli Stati Uniti d'America. Nel giro di quattro mesi, la Germania era passata da una posizione apparentemente vincente a una geostrategicamente disastrosa.

Stalingrado

L'esercito tedesco sul fronte orientale fu definitivamente indebolito nell'inverno 1941/1942. La produzione di armi tedesche aumentò solo gradualmente e la forza dei carri armati non avrebbe mai più raggiunto le tremila unità. L'industria degli armamenti dell'Unione Sovietica, molto più grande, era stata evacuata da Leningrado e Kharkov verso gli Urali e avrebbe prodotto ventimila carri armati entro il 1942, dei tipi superiori T-34 e KV-1. Le nuove armate sovietiche erano principalmente schierate davanti a Mosca. Questo ha lasciato il settore meridionale peggio occupato. Di conseguenza, Hitler ordinò di sfondare con una cinquantina di divisioni che erano ancora riuscite ad essere portate in forze. In questo modo, sperava di conquistare i giacimenti petroliferi del Caucaso, guadagnando carburante e tempo per costruire l'industria bellica tedesca. Le unità corazzate tedesche raggiunsero il Don nell'estate del 1942 e poi si diressero a sud per una lontana marcia verso Baku, che però non sarebbe mai stata raggiunta. Non potevano più svolgere il loro ruolo di riserva corazzata, mentre i lunghi fianchi della loro avanzata potevano essere coperti solo schierando le inferiori armate italiane, ungheresi e rumene.

La situazione divenne ancora più rischiosa quando Hitler ordinò di catturare Stalingrado sul Volga, un importante centro per l'industria degli armamenti. La Sesta Armata sotto Friedrich Paulus, in una futile battaglia di prestigio, si lasciò coinvolgere in sanguinosi combattimenti urbani. Una manovra a tenaglia, attraverso le armate rumene affiancate, circondò un quarto di milione di uomini della Sesta Armata nell'Operazione Urano nel novembre 1942. Un tentativo di disimpegno da parte di truppe corazzate richiamate frettolosamente dal Caucaso fallì e il 2 febbraio 1943 i resti capitolarono. Mai prima di allora un intero esercito tedesco era andato perduto. Le successive offensive sovietiche distrussero anche le truppe ungheresi e italiane, dopodiché quasi tutta l'area sopra il Caucaso dovette essere evacuata dai tedeschi e le guglie corazzate avanzarono per centinaia di chilometri verso ovest.

La perdita di prestigio per la Germania fu enorme. Joseph Goebbels dichiarò la "guerra totale", cioè con oneri ancora più pesanti per la popolazione tedesca. La battaglia dimostrò che l'Armata Rossa acquisì gradualmente la capacità operativa di sconfiggere le unità tedesche meglio addestrate con una superiorità numerica di truppe di qualità inferiore.

El Alamein, *Torcia* e Italia

Contemporaneamente alla battaglia di Stalingrado, Bernard Montgomery, notevolmente rinforzato con equipaggiamenti americani, inflisse una devastante sconfitta a Rommel nella Seconda battaglia di El Alamein nel novembre 1942. Lo stesso mese, britannici e americani sbarcarono in Algeria e Marocco nell'operazione Torch. Rommel avanzò verso ovest, in Tunisia, ma l'esercito dell'Asse fu distrutto nel maggio 1943 e l'Asse fu completamente cacciato dall'Africa.

Lo sbarco degli Alleati in Sicilia il 10 luglio 1943 portò alla caduta e all'arresto di Benito Mussolini il 25 luglio, dopodiché il governo di Pietro Badoglio negoziò segretamente la pace. Il 3 settembre 1943 fu attraversato lo Stretto di Messina. L'Italia concluse un armistizio l'8 settembre e si schierò con gli Alleati il 13 ottobre. Secondo *Fall Achse,* i tedeschi occupavano l'Italia dall'inizio di agosto, incontrando una scarsa resistenza italiana. Circa settecentomila prigionieri di guerra italiani furono portati via come schiavi del lavoro. Le unità corazzate tedesche che avevano resistito all'operazione Avalanche, lo sbarco a Salerno, il 9 settembre, si ritirarono e, con i rinforzi, formarono un forte fronte principale a sud di Roma. I tentativi di sfondamento nella battaglia di Monte Cassino fallirono. Tuttavia, i tedeschi si sentirono costretti a evacuare la Sardegna e la Corsica già nel 1943. Nel gennaio 1944, gli Alleati tentarono di attaccare la linea dalle retrovie attraverso lo sbarco di Anzio, ma anche quello rimase una testa di ponte isolata. Solo nel maggio 1944 la linea fu spezzata e Roma fu liberata il 4 giugno 1944. I tedeschi bloccarono quindi un'avanzata verso nord nella *Gotenstellung*, che non cadde fino all'aprile 1945, dopo di che i tedeschi capitolarono in Italia il 30 aprile.

Il fronte italiano si impadronì di circa 30 divisioni tedesche, indebolendo gravemente il fronte orientale. Il 12 settembre 1943, Mussolini fu liberato da un'azione di un commando tedesco e guidò la Repubblica Sociale Italiana, uno Stato di fatto senza il Sud e l'Alto Adige annessi alla Germania. L'ISR ha compiuto solo un piccolo sforzo bellico. Il 28 aprile 1945, Mussolini fu giustiziato dai partigiani.

Conferenze di Casablanca e Teheran

La grande coalizione che si era formata nel 1941 tra Regno Unito, URSS e Stati Uniti faticò a trovare una strategia comune. C'era sempre la minaccia che gli Alleati occidentali o l'Unione Sovietica facessero una pace separata con la Germania.

Una pace a ovest porrebbe fine alle principali forniture di armi alleate all'Armata Rossa, darebbe a Hitler accesso al petrolio e alle materie prime e libererebbe milioni di soldati per quella che potrebbe essere una battaglia di successo sul fronte orientale. Al contrario, senza un tale fronte orientale, il successo degli sbarchi in Europa sarebbe diventato estremamente problematico e la liberazione dell'Europa occidentale dubbia.

Ci sono stati anche punti di contrasto tra il Regno Unito e gli Stati Uniti. Il 27 marzo 1941 avevano già concordato di dare priorità alla lotta in Europa rispetto a quella contro il Giappone.

Nel 1942, tuttavia, il Giappone ottenne importanti vittorie e Roosevelt voleva un maggiore contributo britannico alla guerra in Asia e sperava di completare la vittoria finale contro Hitler il prima possibile, in modo da liberare le forze americane per combattere nel Pacifico.

Scommetteva sull'apertura di un Secondo Fronte nel 1943, cosa fortemente sollecitata anche da Stalin. Tuttavia, i britannici non lo consideravano realistico. Churchill voleva che il "ventre molle" dell'Europa fosse attaccato, prima con uno sbarco in Italia e poi con uno sbarco nei Balcani. Era
80

sempre stato un convinto anticomunista e sperava quindi di impedire la dominazione sovietica dell'Europa orientale. Churchill non era contrario a una pace separata con la Germania, a condizione che Hitler fosse rovesciato.

Nel gennaio 1943, alla Conferenza di Casablanca, le divergenze tra gli Alleati occidentali furono parzialmente risolte. Prima avrebbero conquistato la Tunisia e sarebbero sbarcati in Italia, poi in Francia e non nei Balcani.

Furono compiuti sforzi per riconciliare i Liberi Francesi di de Gaulle e le autorità francesi in Nord Africa, in modo che molto gradualmente la Francia riacquistasse il ruolo di partner a pieno titolo nella guerra, cosa facilitata dal fatto

81

che la Germania aveva occupato la Francia dopo aver *fiaccato* Vichy. Roosevelt fece includere nella Dichiarazione di Casablanca la richiesta di una "resa incondizionata" delle potenze dell'Asse, che praticamente escludeva una pace separata.

Stalin non era presente a Casablanca. Nel novembre 1943 incontrò Churchill e Roosevelt alla Conferenza di Teheran. In quell'occasione Churchill acconsentì a uno sbarco in Francia nel maggio 1944, ponendo fine ai suoi piani nei Balcani. Stalin aveva promesso una grande offensiva estiva per quell'anno. Churchill e Stalin raggiungono un accordo sui nuovi confini della Polonia. Fu anche concordato di dividere la Germania. Roosevelt suggerì la formazione delle Nazioni Unite. Così facendo, eccitò Stalin all'idea di dividere il mondo in due blocchi di potere dopo la guerra, che avrebbero potuto coesistere pacificamente.

Kursk e Ucraina

Il crollo del fronte tedesco in Ucraina fece capire a Hitler che doveva affidare il comando operativo del fronte orientale a un professionista. In una brillante campagna nel febbraio e marzo 1943, Von Manstein distrusse le punte corazzate dell'Armata Rossa e stabilizzò la situazione, riconquistando Kharkov. Sarebbe rimasta l'ultima grande vittoria tedesca della guerra. Nel corso del 1943, la produzione di carri armati tedeschi aumentò.

Guderian esortò Hitler a utilizzarlo per formare una grande riserva corazzata a est di circa duemila carri armati. Se un numero uguale di persone potesse essere raccolto a ovest, ci sarebbero buone speranze di respingere qualsiasi attacco alleato. Ciò dipendeva dalla creazione di divisioni granatieri corazzate equilibrate, in cui la fanteria, equipaggiata con semicingolati, lavorava a stretto contatto con carri armati e bombardieri in picchiata.

Hitler, tuttavia, diede priorità ai suoi obiettivi politici. Temendo un colpo di stato da parte dei generali, permise alle Waffen-SS di diventare un esercito parallelo. La manodopera spesa per questo progetto avrebbe potuto essere utilizzata in modo molto più efficiente portando a regime le divisioni regolari, strutturalmente sotto organico.

Le SS sottolineavano il presunto valore di una fanatica "volontà di conquista" nazionalsocialista rispetto alla professionalità. Questa volontà doveva anche giustificare l'ordine di Hitler di rimanere sempre fermi, anche quando la ritirata era l'unica opzione sensata.

Dopo Stalingrado, Hitler voleva dissipare l'impressione che la Germania avesse già perso la guerra. A tal fine, era necessario condurre una grande offensiva estiva, come nel 1941 e nel 1942. Come inizio dell'operazione fu scelto l'arco del fronte vicino a Kursk. La Germania aveva sviluppato una nuova generazione di carri armati in risposta al T-34: il Tiger I e il Panther. Questi tipi si rivelarono costosi da produrre e Hitler rimandò l'attacco fino a quando non ne fossero stati disponibili altri. Ciò permise all'Armata Rossa di costruire ampie cinture di difesa di artiglieria anticarro a Kursk.

Nella battaglia di Kursk del luglio 1943, l'ultimo grande attacco dei tedeschi si arenò. Hanno perso definitivamente l'iniziativa strategica, ma anche la possibilità di organizzare una difesa efficace. Il loro numero di carri armati operativi scese al migliaio, insufficiente a chiudere le loro deboli linee, occupate da divisioni di fanteria sotto organico e ancora dipendenti dal trasporto a cavallo, dopo uno sfondamento da parte delle armate di carri armati nemiche.

A settembre, l'esercito tedesco fuggì verso il Dnieper. Sperava di costruire un *Ostwall* sull'ampio corso d'acqua dietro il quale riprendersi. Il comando sovietico si rese conto che questo doveva essere impedito a tutti i costi. L'Armata Rossa attraversò il fiume e fino all'aprile 1944 condusse una serie di offensive in cui un massiccio dispiegamento di truppe e carri armati cacciò i tedeschi dall'Ucraina occidentale. Hitler vietò l'ingresso di divisioni corazzate dalla Francia per paura che ciò facesse parte di

un piano per rovesciarlo. L'unica speranza che gli
rimaneva era quella di far fallire l'"invasione". Il suo divieto
di ritirarsi portò a perdite tedesche inutilmente pesanti.

Sbarco in Normandia

Fino all'estate del 1944, le grandi armate e le riserve di materiale accumulate dagli Alleati occidentali non erano state quasi mai impiegate. Potrebbero diventare un fattore decisivo solo dopo aver invaso l'Europa occidentale.

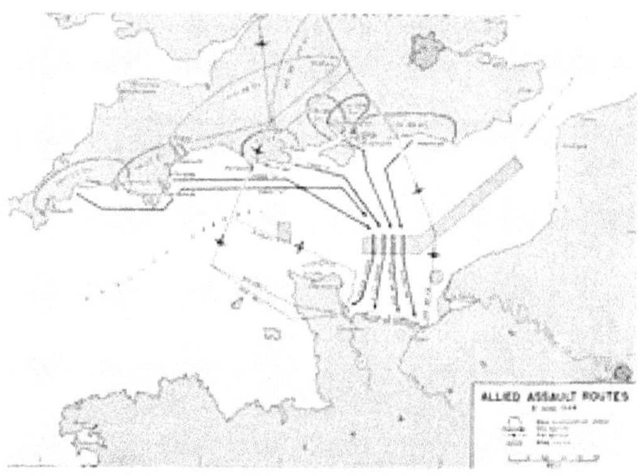

Per il successo della difesa della Germania era essenziale che tale sbarco fallisse. Tuttavia, a causa delle perdite sul fronte orientale, Hitler aveva accumulato solo la metà delle riserve di corazzati necessarie in Francia, nonostante l'aumento della produzione di carri armati. La superiorità aerea alleata renderebbe difficile lo spostamento di queste riserve. Rommel sperava di spingere le forze da sbarco in mare già nelle prime 24 ore, perché la linea di difesa della

costa occidentale, il *Vallo Atlantico*, aveva poca profondità.
Tuttavia, nessuno osava prevedere dove sarebbero
avvenuti esattamente gli sbarchi e le riserve erano sparse.

Il 6 giugno 1944, *giorno del D-Day*, ebbe inizio
l'Operazione Overlord, la più grande operazione combinata
anfibia e aviotrasportata della storia con oltre seimila navi,
supportate da dodicimila aerei, che sbarcarono in cinque
teste di ponte sulla costa della Normandia. Grazie alle loro
scorte di equipaggiamento, gli Alleati vinsero la guerra di
logoramento con le riserve tedesche che arrivavano
lentamente. Alla fine di luglio del 1944, gli americani si

lanciarono nell'Operazione Cobra, che comprendeva il fronte principale tedesco da ovest. Hitler vietò la ritirata e le forze tedesche in Normandia furono in gran parte distrutte. Il 15 agosto gli Alleati sbarcarono nel sud della Francia, con l'operazione Dragoon, e avanzarono rapidamente verso nord. Parigi fu liberata dai francesi liberi il 25 agosto 1944. L'esercito tedesco fuggì verso nord-est. All'inizio di settembre, la Francia e il Belgio erano in gran parte liberati.

Operazione Bagration

Dopo il D-Day, una parte significativa delle divisioni corazzate tedesche fu trasferita dall'est alla Francia. Il fronte orientale tedesco era ora molto vulnerabile. La perdita dell'Ucraina occidentale aveva allungato la linea del fronte a circa quattromila chilometri. Le riserve corazzate rimaste dovevano essere collocate nella Polonia meridionale per impedire all'Armata Rossa di avanzare tutta insieme verso il Mar Baltico. Il Gruppo d'armate Centro, che aveva ancora 70 carri armati, fu attaccato nell'operazione Bagration il 22 giugno 1944 e praticamente distrutto nel giro di un mese. La Bielorussia fu liberata e l'avanzata finì per isolare il Gruppo d'armate Nord in Curlandia.

Il 5 settembre la Finlandia pose fine a tutte le operazioni di guerra contro l'Unione Sovietica. Il 20 agosto l'Armata Rossa apre una grande offensiva contro la Romania. Due armate tedesche furono circondate e distrutte, dopodiché il Paese passò dalla parte degli Alleati. Questo ha privato la Germania della sua unica fonte di petrolio. Il 5 settembre l'Unione Sovietica dichiarò guerra alla Bulgaria, che cessò immediatamente ogni resistenza. L'Armata Rossa attraversò i Carpazi e avanzò fino a Budapest.

Ritardo nell'anticipo alleato

Le catastrofi dell'estate 1944 avevano causato danni irreparabili alla Wehrmacht. In Normandia e sul fronte orientale, 130 divisioni erano state distrutte o isolate. Si potevano chiudere i fronti solo schierandovi reclute appena addestrate, il che riduceva gravemente la qualità delle unità di combattimento.

Ciò era tanto più grave in quanto gli eserciti degli Alleati occidentali erano costituiti da divisioni d'élite: completamente motorizzate e ampiamente equipaggiate con veicoli corazzati. Tuttavia, questo non ha portato al crollo immediato della Germania nazista. L'avanzata alleata si arresta e riprende solo all'inizio del 1945.

In parte, ciò è dovuto alle disperate misure di emergenza adottate dal regime. Dopo l'assassinio di Hitler, prevalse un'atmosfera di terrore paranoico e qualsiasi segno di resistenza o di riluttanza poteva essere punito con la morte.

Le donne furono sottoposte a un obbligo di lavoro prolungato e ogni uomo o ragazzo in grado di portare un'arma fu arruolato nella *Volkssturm*. La ragione principale del ritardo, tuttavia, risiedeva in grossi problemi logistici: dopo gli intensi combattimenti, le truppe alleate dovevano essere rifornite e, a causa del grande terreno guadagnato su linee di rifornimento più lunghe, a ovest fino alla Normandia.

Il 17 settembre, nell'operazione Market Garden, britannici e americani tentarono comunque di sfruttare rapidamente la debolezza tedesca. Gli sbarchi aerei dovevano prendere i ponti sui principali fiumi olandesi per aggirare il Westwall attraverso il ponte sul Reno ad Arnhem e spingersi verso la Ruhr. Il tentativo fallì e solo la sanguinosa Battaglia della

Schelda permise agli Alleati di liberare la via marittima verso il vitale porto di Anversa in autunno. Nel dicembre del 1944, Hitler si giocò la sua ultima riserva di mezzi corazzati nell'offensiva delle Ardenne per riprendere Anversa; questo ritardò il nuovo attacco alleato di sole sei settimane. La propaganda tedesca sulle *Wunderwaffen* suggeriva che uno sforzo estremo avrebbe potuto guadagnare tempo per il dispiegamento di armi atomiche, ma in realtà la V1, una "bomba volante", e il missile balistico V2 potevano essere equipaggiati solo con testate convenzionali che causarono diverse migliaia di vittime civili, soprattutto a Londra e Anversa.

1945

Nel gennaio 1945, l'Armata Rossa aprì l'offensiva del Wisła-Oder con la più grande concentrazione di uomini ed equipaggiamenti della guerra. Poiché Hitler aveva sprecato la sua riserva di armature nell'offensiva delle Ardenne, l'attacco non poté più essere fronteggiato e l'esercito tedesco in Polonia fu schiacciato, mentre i sovietici avanzarono fino a Berlino.

La battaglia si prolungò perché, temendo attacchi ai fianchi, in marzo i soldati avevano prima epurato la Slesia, la Prussia orientale e la Pomerania. Nel frattempo Hitler ordinò alcuni attacchi infruttuosi in Ungheria. Queste hanno portato solo all'esaurimento delle sue truppe.

Vienna fu rapidamente conquistata e i politici vi proclamarono nuovamente un'Austria indipendente. Nell'aprile 1945, una manovra a tenaglia circondò la capitale tedesca nella battaglia di Berlino.

Nel febbraio 1945, gli inglesi e gli americani conquistano la Renania. Il Reno non si rivelò in seguito un ostacolo insormontabile.

Il 7 marzo 1945, gli americani catturarono il ponte di Ludendorff vicino a Remagen e il 24 marzo le truppe alleate attraversarono il Reno a Wesel nell'operazione Plunder, l'ultimo grande sbarco aereo della guerra. Le difese tedesche a ovest crollarono in risposta. La Wehrmacht annunciò la sua intenzione di risparmiare il maggior numero possibile di civili dalla vendetta dell'Armata Rossa.

Nei Paesi Bassi, tuttavia, gli ufficiali delle SS olandesi continuarono a difendere l'Olanda e Utrecht, aggravando l'inverno della fame. Hitler emanò i "decreti Nerone" per distruggere il Paese al fine di negare al popolo tedesco inferiore ogni possibilità di esistenza dopo la guerra, ma non poterono essere attuati su larga scala. Americani e russi si stringono la mano a Torgau sull'Elba il 25 aprile 1945. Hitler, rendendosi conto che tutto era perduto, si suicidò nel suo bunker di Berlino circondato il 30 aprile 1945. Il 1° maggio 1945 la radio tedesca annunciò che il Führer era morto alla testa delle sue truppe che difendevano Berlino. Con quest'ultima menzogna, la Germania nazista è andata in rovina. Le truppe nei Paesi Bassi si arresero il 5 maggio. La resa generale fu firmata dai rappresentanti del governo di Karl Dönitz il 7 e 9 maggio 1945.

Dopo che i Paesi dell'America Centrale e il Brasile li avevano già preceduti, all'inizio del 1945 anche la maggior parte dei Paesi sudamericani dichiarò guerra alla Germania, così come la Turchia. La partecipazione alla guerra era inizialmente una condizione per diventare membro delle Nazioni Unite, istituite in aprile. Alla Conferenza di Yalta del 7-11 febbraio 1945, durante la quale Roosevelt, Churchill e Stalin presero molti accordi formali e informali sulla situazione postbellica, l'Unione Sovietica aveva accettato di partecipare alle Nazioni Unite, con seggi separati per Bielorussia e Ucraina.

Confronto economico

L'andamento della guerra dipendeva in modo complesso dalla relativa produzione di armi. La Germania era già in ritardo rispetto agli Alleati all'inizio della guerra. È riuscita a ottenere successi solo grazie alla superiorità tattica.

Lo squilibrio era più grave nel 1942. In breve tempo, gli Stati Uniti avevano creato un complesso militare-industriale che produceva il doppio delle potenze dell'Asse messe insieme. Alle grandi imprese industriali è stata data la libertà di regolare l'economia in stretta collaborazione. La produzione industriale totale aumentò di un quarto all'anno, fino a più che raddoppiare alla fine della guerra.

L'economia pianificata sovietica permise una crescita simile dell'industria degli armamenti nel 1942, anche se a spese del resto dei consumi. Tuttavia, grazie alla situazione strategica, la Germania riuscì a resistere nel 1942 e nel 1943. Nel 1944, la Germania aveva ampiamente recuperato il ritardo. Tuttavia, non riuscì ad accumulare riserve a causa di errori strategici, mentre le forze tedesche furono ostacolate dalla carenza di carburante. Il D-Day portò le armate statunitensi sul campo di battaglia e il vantaggio tattico della Germania venne meno, sancendo la sua sconfitta.

Nel 1942, Hitler e i suoi alleati controllavano in Europa un'area, il *Großraum*, con più abitanti dell'Unione Sovietica e degli Stati Uniti messi insieme e con una produzione economica pari a quella americana. Tuttavia, questo potenziale è stato scarsamente sfruttato e, nel complesso, non è cresciuto.

Avendo in precedenza trascurato le ferrovie, i tedeschi furono costretti a saccheggiare le locomotive di altri Paesi, riducendo gravemente la capacità di trasporto dei territori occupati. La produzione stagnante di carbone, di gran lunga la più importante fonte di energia, non poteva quindi più essere distribuita in modo efficiente. La maggior parte degli alleati era tecnicamente e socialmente sottosviluppata e le loro popolazioni non potevano essere prontamente utilizzate per lo sforzo bellico tedesco.

I Paesi Bassi e la Francia contribuirono ancora parecchio nel 1941, ma gran parte della loro manodopera dovette poi svolgere lavori forzati in Germania per permettere ad altri tedeschi di arruolarsi, un sistema inefficiente. L'impiego in massa di prigionieri di guerra, lavoratori forzati ed ebrei distrusse ancora più forza lavoro. La Germania non aveva una vera economia pianificata.

Man mano che la NSDAP prendeva sempre più il controllo della società, i ministeri perdevano il loro potere de facto e la funzione pubblica diventava inefficace. Il partito stesso si disintegrò in fazioni in guerra, tutte in competizione per ottenere il favore di Hitler. Gli industriali si unirono e cercarono di liberare denaro e risorse con progetti spettacolari, anche se poco pratici.

La produzione agricola stava vacillando e l'intero continente era in bilico sull'orlo della carestia in caso di mancati raccolti. Già prima dell'invasione dell'Unione

Sovietica, Herbert Backe aveva calcolato che solo affamando la popolazione urbana si sarebbe potuto ottenere un surplus alimentare per la Germania.

Tuttavia, questo *Piano della fame* non poté essere attuato sistematicamente e la zona non riuscì nemmeno a sfamare le forze di occupazione tedesche. Complessivamente, i territori occupati sono costati alla Germania più di quanto abbiano fruttato.

La produzione relativa di carri armati della Germania e dell'Unione Sovietica può servire come esempio di sviluppo.

La Germania produsse molti aerei, ma la produzione delle potenze dell'Asse rimase molto indietro rispetto alla produzione totale di aerei degli Alleati.

La guerra in Asia

Il Giappone nella prima metà del XX secolo

Il Giappone si modernizzò radicalmente durante il periodo Meiji, nella seconda metà del XIX secolo. Tuttavia, la nuova superpotenza industriale mancava di risorse naturali. Tra il 1859 e il 1942, il Giappone ha perseguito una politica imperialista volta a garantire l'approvvigionamento di materie prime e cibo attraverso la conquista e il controllo dei Paesi vicini. A tal fine, ha creato un forte esercito e una delle più grandi marine del mondo.

Le vittorie nella Prima guerra sino-giapponese (1894-1895) e nella Guerra russo-giapponese (1904-1905) portarono al controllo giapponese di Taiwan a sud, della Corea e della Manciuria a ovest e di Sakhalin sud a nord. Nel 1919, il Giappone ottenne il controllo del vasto territorio del Mandato del Pacifico meridionale. L'introduzione del suffragio universale nel 1925 provocò una reazione conservatrice che minò sempre più la democrazia parlamentare.

La spinta imperialista giapponese fu ravvivata dalla Grande Depressione dopo il 1929. I militari iniziarono a determinare sempre più la politica estera. Tra il 1932 e il 1936, il Paese fu governato da ammiragli. Dopo il fallito colpo di Stato in Giappone del 26 febbraio 1936, l'esercito impose che il ministro della Guerra fosse sempre un generale in carica. In seguito, il Paese è stato di fatto una dittatura militare.

La seconda guerra sino-giapponese

Con la Guerra di protezione nazionale del 1915, l'autorità centrale cinese perse potere a favore dei signori della guerra regionali. Il Giappone acquisì così maggiore influenza e costrinse il debole governo cinese a "trattati ineguali". I trattati erano scarsamente applicati: un governo debole non poteva farli rispettare e uno forte non aveva interesse a farli rispettare.

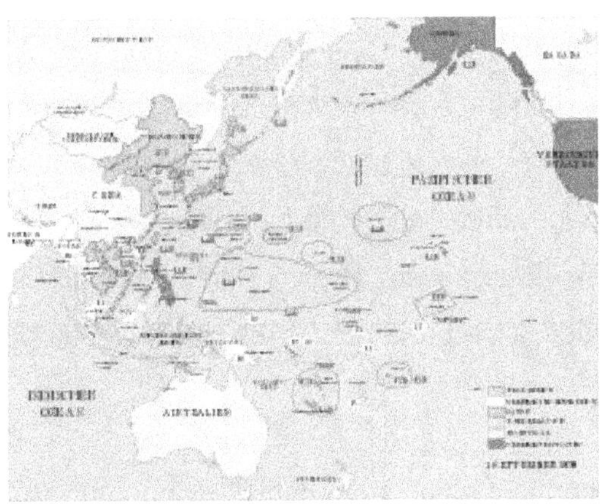

Dopo aver posto sotto il suo controllo i signori della guerra nella Cina meridionale e centrale, Chiang Kai-shek, leader del Kwomintang, guidò la Spedizione del Nord nel 1927 e nel 1928 contro i capi dei signori della guerra del nord a

Pechino. Quando Zhang Xueliang, il signore della guerra che controllava la Manciuria, dichiarò la sua fedeltà a Chiang, i giapponesi intervennero. Hanno creato uno Stato satellite del Manciukwo nel 1931 sotto l'ultimo imperatore cinese Pu Yi. Il Giappone si ritirò dalla Società delle Nazioni, che condannò questa azione. Chiang attaccò fino al 1936, con l'aiuto tedesco, soprattutto dei comunisti che aveva espulso dalla Cina meridionale. Il Giappone iniziò a controllare i signori della guerra nel nord.

Alla fine del 1936, Chiang fu rapito da Zhang Xueliang, l'incidente di Xi'an, e costretto ad allearsi con i comunisti contro i giapponesi. Gli ufficiali dell'Esercito del Kwantung provocarono quindi l'incidente del ponte Marco Polo il 7 luglio 1937, all'insaputa del comando supremo giapponese, come pretesto per occupare la Cina nord-orientale.

Nella prospettiva asiatica, questa Seconda guerra sino-giapponese è considerata l'inizio della Seconda guerra mondiale. Chiang continuò ad opporsi con veemenza all'invasione. Il Giappone attaccò la sua capitale alla fine del 1937, provocando il Massacro di Nanchino con trecentomila vittime civili. Milioni di contadini morirono nel terrore, nelle inondazioni e nella carestia. Il Giappone non riuscì a sconfiggere la Cina o a sfruttare con profitto i territori occupati.

La strada per Pearl Harbor

Nel 1938 si sviluppò una guerra di confine tra il Giappone e l'Unione Sovietica, che occupava lo Xinjiang e sosteneva il suo Stato satellite comunista, la Mongolia. Nell'agosto 1939, il generale Zhukov ottenne una vittoria decisiva sui giapponesi nella battaglia di Halhin Gol, dopo la quale il Giappone abbandonò la sua ricerca di espansione territoriale a nord. L'influenza politica del Gruppo d'Assalto Nord, esponente dell'esercito giapponese, diminuì a favore del Gruppo d'Assalto Sud, favorito dalla Marina giapponese. Quando la Germania invase l'Unione Sovietica, il Giappone rimase neutrale, considerando i buoni rapporti con Stalin come un appoggio per un attacco a sud.

Nel 1940, il Giappone firmò il Patto delle Tre Potenze, un trattato di assistenza, con Germania e Italia. Dopo la conquista tedesca dei Paesi Bassi e della Francia, negli Stati Uniti si temeva che il Giappone avrebbe sfruttato questa situazione conquistando le colonie occidentali nel sud-est asiatico. Nel settembre 1940, la Francia di Vichy fu effettivamente costretta a porre l'Indocina settentrionale sotto il controllo giapponese. Come punizione, gli Stati

Uniti, il Regno Unito e il governo olandese in esilio, che controllava ancora le risorse petrolifere delle Indie Orientali Olandesi, istituirono un boicottaggio del petrolio e dell'acciaio contro il Giappone. Le forze militari giapponesi guidate dall'ammiraglio Isoroku Yamamoto iniziarono quindi a preparare una campagna per cacciare gli Stati Uniti dal Pacifico. Luglio 1941 occupò anche l'Indocina meridionale.

A differenza dei tedeschi, i vertici militari giapponesi, il governo e l'imperatore si rendevano perfettamente conto che una simile battaglia sarebbe stata in definitiva inutile.

Nonostante una forte base industriale, una guerra di logoramento contro la più grande economia del mondo era destinata a essere persa.

L'inazione non era un'opzione, perché il Paese sarebbe crollato economicamente e militarmente a causa del boicottaggio, per mancanza di materie prime e petrolio, di cui importava il 90%. Il rispetto delle richieste statunitensi porterebbe senza dubbio a ulteriori pressioni diplomatiche per il ritiro dalla Cina.

Una simile perdita di faccia non sarebbe compatibile con l'onore dell'esercito. Piuttosto, accettarono l'alto rischio di un'eroica sconfitta militare, consolandosi con l'esigua possibilità di ottenere una base economica attraverso la conquista di giacimenti petroliferi nel Sud-Est asiatico, comprese le Indie Orientali Olandesi, che avrebbero costretto gli Stati Uniti a patteggiare dopo un devastante attacco a Pearl Harbour.

L'offensiva giapponese

Nel 1941 il Giappone aveva la più grande flotta di navi da campo volanti del mondo. Questi ultimi effettuarono un attacco a sorpresa a Pearl Harbour, nell'arcipelago delle Hawaii, il 7 dicembre 1941. La flotta da battaglia statunitense fu in gran parte messa fuori combattimento, ma le tre navi del campo di volo sopravvissero perché si trovavano per caso in esercitazione.

Contemporaneamente iniziarono gli attacchi contro la Malacca britannica e la colonia statunitense delle Filippine. L'11 dicembre Hitler dichiarò guerra agli Stati Uniti, sperando che per il momento fossero tenuti occupati dai giapponesi.

Dopo una breve invasione, la Thailandia cessò di opporre resistenza e si schierò con i giapponesi nel gennaio 1942. La corazzata britannica *Prince of Wales* e l'incrociatore da battaglia *Repulse* furono affondati da bombardieri al largo della costa di Malacca il 10 dicembre. Gli Alleati erano ormai privi di navi da guerra su questo campo di battaglia.

Le guarnigioni coloniali alleate, relativamente piccole, condussero una difesa passiva e vennero arrotolate pezzo per pezzo. Hong Kong cadde il 25 dicembre 1941. I giapponesi sbarcarono sulla costa orientale di Malacca e attaccarono la grande base navale britannica dal lato di terra nella battaglia di Singapore.

Il 15 febbraio 1942, le 130 000 truppe britanniche, indiane e australiane si arresero. Le basi statunitensi di Guam e Wake sono andate perse. A gennaio seguirono le invasioni giapponesi della Birmania, delle Isole Salomone, delle Indie Orientali Olandesi e della Nuova Guinea. Manila, Kuala Lumpur e Rabaul sono state catturate dal Giappone. La guarnigione statunitense nelle Filippine si ritirò nella penisola di Bataan, ma dovette arrendersi in aprile. Bali e Timor caddero nel febbraio 1942; Rangoon e Giava in marzo. Il tentativo degli incrociatori leggeri alleati di fermare la flotta da sbarco giapponese fallisce nella Battaglia del Mare di Giava.

Mandalay ha seguito all'inizio di maggio. Alla fine l'aviazione giapponese controllò completamente lo spazio aereo ed effettuò bombardamenti sull'Australia settentrionale. Il Raid Doolittle dell'aprile 1942, con cui gli americani bombardarono Tokyo, fu solo un atto simbolico.

La marea sta cambiando

Dopo aver raggiunto i loro obiettivi bellici iniziali, i giapponesi esitarono su ulteriori strategie. Le navi da campo erano diventate il fattore decisivo della guerra navale. Prima che il loro programma di costruzione desse agli americani un vantaggio in questo senso, i giapponesi volevano conquistare il maggior numero possibile di territori. Per prima cosa fecero un'incursione a ovest. Il 5 aprile 1942, cinque navi da campo attaccarono Colombo.

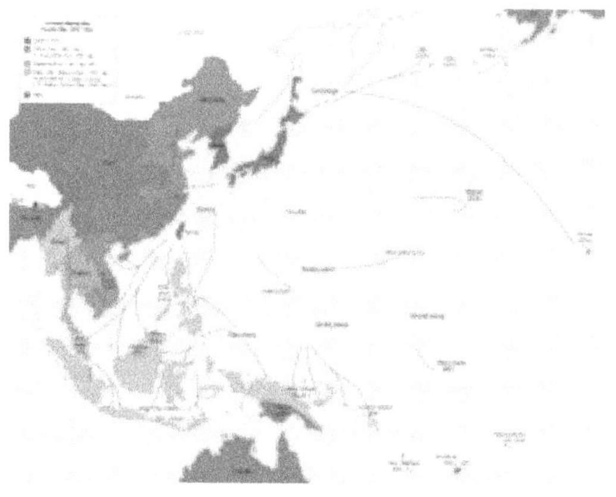

La flotta britannica si ritirò da Ceylon, ma il 9 aprile il dirigibile *HMS Hermes* fu affondato. Il Giappone, tuttavia, si astenne dal tentare di entrare in contatto con le potenze dell'Asse in Medio Oriente. L'attenzione si è spostata a sud. La conquista dell'Australia e della Nuova Zelanda avrebbe indebolito l'impero britannico, privato gli Alleati di una base per il contrattacco e interrotto i loro collegamenti est-ovest.

Tuttavia, la marina giapponese non si rese conto che gli americani avevano violato i suoi codici. Mentre sostenevano un assalto anfibio preliminare a Port Moresby, nella parte orientale della Nuova Guinea, nel maggio 1942 durante la Battaglia del Mar dei Coralli, subirono un'imboscata da parte di due navi portaerei statunitensi, la prima volta nella storia che le *flotte di portaerei* combattevano una battaglia.

Nonostante l'affondamento della *USS Lexington (CV-2)*, i giapponesi persero la *Shoho*. Peggio ancora, quasi tutti i piloti sono stati uccisi dalla *Zuikaku* e dalla *Shokaku*, le loro due navi da campo volanti più moderne. L'invasione di Port Moresby fu annullata.

All'inizio di giugno, le quattro grandi navi da campo volanti rimaste attaccarono Midway come preludio alla conquista dell'intero arcipelago delle Hawaii, seguita dalla distruzione dei moli della California e delle chiuse del Canale di Panama per ostacolare il rafforzamento della flotta statunitense nel Pacifico.

Ancora una volta, sono caduti in un'imboscata. I bombardieri in picchiata di tre navi da campo statunitensi, la USS *Yorktown*, la USS *Enterprise* e la USS *Hornet*, affondarono la *Kaga*, la *Akagi*, la *Soryu* e la *Hiryu* il 4 e 5 giugno.

La battaglia di Midway, nonostante la perdita della *Yorktown*, fu il punto di svolta della guerra in Asia. Il Giappone avrebbe impiegato quasi tre anni per sostituire le quattro navi affondate.

115

Nello stesso periodo, i cantieri statunitensi vararono sedici grandi navi da campo volante, oltre a nove navi da campo volante leggere e, per la propria marina, cinquantaquattro *portaerei di scorta*.

Guadalcanal e *Island Hopping*

A metà del 1942 né il Giappone né gli Stati Uniti erano capaci di grandi offensive. La Marina imperiale continuò a tentare di avanzare verso l'Australia. Un attacco terrestre da nord verso Port Moresby fu bloccato dagli australiani lungo la *Kokoda Track*. Nell'agosto 1942, uno sbarco giapponese fallì per la prima volta, nella battaglia di Milne Bay.

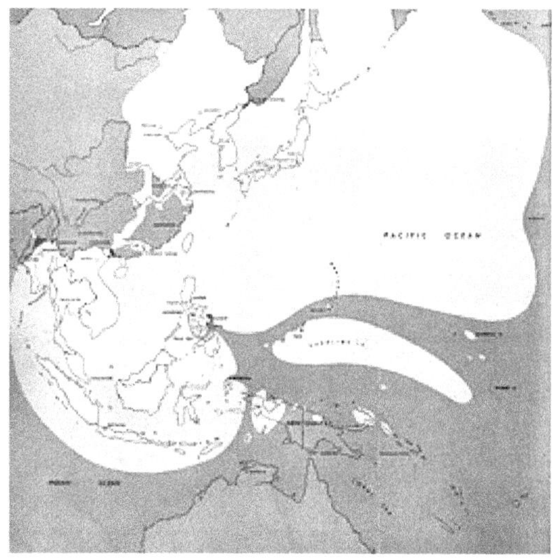

Lo stesso mese, sia gli americani che i giapponesi sbarcarono su Guadalcanal, una delle isole Salomone.

117

Iniziò così la battaglia di Guadalcanal, durata sei mesi e parte della battaglia delle Isole Salomone. In numerose azioni di flotta, i giapponesi persero gradualmente terreno, nonostante il sacrificio di molte navi e uomini. Nel 1943, gli americani e gli australiani stabilirono le teste di ponte di Buna e Gona sulla costa nord-orientale della Nuova Guinea.

Gli americani furono in grado di impostare una strategia aggressiva nel 1943 dopo aver rapidamente convertito gli incrociatori in navi da campo leggere e volanti. Per sconfiggere il Giappone non era necessario riconquistare tutto il Sud-Est asiatico. Sarebbe sufficiente prendere il nord delle Filippine per interrompere la linea di rifornimento di petrolio da Sumatra.

L'attacco da est doveva avvenire su due assi. Douglas MacArthur doveva avanzare verso ovest attraverso la zona della Nuova Guinea con un asse meridionale.

Come asse settentrionale, l'ammiraglio Chester Nimitz voleva conquistare rapidamente isole strategiche in una campagna di *island hopping* o *leapfrogging*, superando potenti guarnigioni giapponesi e isolandole, per ottenere il controllo degli arcipelaghi a sud del Giappone.

I giapponesi inviarono altre truppe per arginare queste offensive in una "strategia del blocco", sperando di guadagnare almeno sei mesi per rafforzare la flotta, l'aviazione e le guarnigioni.

L'assalto al sud iniziò nel giugno 1943 con la sanguinosa cattura della Nuova Georgia. A questo seguì, in agosto, uno sbarco su Bougainville, che sarebbe stata conquistata interamente solo nel 1945. Vista la dura resistenza giapponese, anche McArthur decise di giocare d'anticipo e passò la forza principale giapponese a Rabaul, sulla Nuova Britannia. Nella primavera del 1944, aveva esteso il suo controllo su tutta la costa settentrionale della Nuova

Guinea, prendendo posizione fino a tremila chilometri a ovest di Guadalcanal.

Nel novembre 1943 iniziò l'attacco a nord con gli sbarchi nelle isole Gilbert. Dopo pesanti combattimenti, Tarawa fu conquistata. Nell'inverno del 1944 penetrarono nelle Isole Marshall, conquistando abbastanza rapidamente Majuro, Kwajalein ed Eniwetok.

Riconquista delle Filippine

Nella tarda primavera del 1944, entrambe le parti si stavano preparando per il *Kantai Kessen*, la "battaglia navale decisiva". I due anni di preparazione erano stati mal utilizzati dai giapponesi. Non c'era la capacità industriale di produrre una nuova generazione di carri armati, per cui i veicoli corazzati giapponesi erano ora molto indietro rispetto agli Stati Uniti in termini di corazzatura e potenza di fuoco. La manciata di nuove navi da campo volanti era nana rispetto alla *Big Blue Fleet* americana. Non si era riusciti a formare un numero sufficiente di piloti navali perché il primo gruppo era stato inviato alla guarnigione di Rabaul. I sommergibili americani stavano affondando così tante navi mercantili che i rifornimenti di materie prime e di petrolio erano gravemente ridotti. Pertanto, a partire dall'aprile 1944, realizzarono l'Operazione Ichi-Go, la più grande offensiva dell'esercito giapponese della guerra, attraversando la Cina meridionale per stabilire un collegamento terrestre con l'Indocina. La primavera vide anche il primo serio tentativo di invadere l'India dalla Birmania, con l'operazione U-Go. La sconfitta fu respinta e gli inglesi, gli indiani e i cinesi avrebbero gradualmente riconquistato la Birmania nel corso del 1944 e del 1945.
121

Nel giugno 1944, la Quinta Flotta statunitense attaccò le Isole Marianne con sette grandi navi da campo volante. Il 15 giugno sbarcarono a Saipan. La Marina imperiale si dirigeva ora verso est con cinque grandi navi da campo volanti, entrando nella Battaglia del Mare delle Filippine del 19 e 20 giugno, la più grande battaglia navale mai avvenuta tra *flotte di portaerei*. Si è rivelata un'amara delusione. Non è stata colpita nemmeno una nave portaerei statunitense. Oltre quattrocento piloti della marina giapponese furono abbattuti. I sottomarini statunitensi hanno affondato le navi da campo *Shokaku* e *Taiho*. La sconfitta fu nascosta al pubblico e mai più le *portaerei* giapponesi avrebbero combattuto regolarmente con gli Stati Uniti. Tra il 21 luglio e il 10 agosto, Guam è stata riconquistata nelle Isole Marianne. Il 24 novembre 1944, i bombardieri a lungo raggio B-29 Superfortress iniziarono a bombardare il Giappone da Saipan, rafforzati da due campi d'aviazione su Guam alla fine del febbraio 1945.

Gli americani stavano pensando di conquistare prima Formosa, ma solo una rapida fine della guerra in Europa avrebbe liberato le forze necessarie per farlo. Iniziarono quindi la riconquista delle Filippine il 17 ottobre 1944 sbarcando vicino e su Leyte. La marina giapponese sfoderava ora il suo ultimo asso nella manica: la flotta da battaglia per sconfiggere gli americani con un'ingegnosa strategia nella più grande battaglia navale della storia, la Battaglia del Golfo di Leyte. L'ultimo campo di navi, senza aerei, attirò la Terza Flotta statunitense a nord e una squadra di corazzate attirò la Settima Flotta statunitense a sud, in modo che una squadra centrale potesse fare irruzione nella flotta da sbarco statunitense attraverso lo stretto di San Bernardino. Il piano riuscì, ma dopo l'affondamento di una *portaerei di scorta*, la *task force* centrale si ritirò, rendendo vano il sacrificio di quattro navi da campo e tre corazzate. Il 9 gennaio 1945, gli americani sbarcarono su Luzon, che era stata in gran parte riportata sotto controllo nella primavera del 1945.

Nel novembre del 1944, i giapponesi iniziarono a combinare i loro numerosi aerei obsoleti e i loro piloti poco addestrati nel *Kamikaze*: attacchi suicidi in cui l'aereo si conficcava in una nave nemica con tanto di bomba. I 3912 piloti suicidi affondarono 47 navi, tra cui tre *portaerei di scorta*. Poiché, inoltre, circa quattrocento navi sono state danneggiate, il fenomeno è stato considerato un problema serio. Rifletteva l'abitudine delle unità di fanteria

123

giapponesi messe alle strette di non arrendersi ma di combattere fino alla morte in attacchi banzai.

1945 in Asia

Nell'inverno del 1945, gli Alleati spezzarono quasi tutti i collegamenti marittimi tra il Giappone e il sud. La Marina e l'industria soffrirono di un'acuta carenza di carburante. Le materie prime potevano essere ottenute solo dalla Manciuria e dalla Cina devastata dalla guerriglia. Anche queste rotte furono poi interrotte dai sottomarini.

Oltre un milione di tonnellate di spazio marittimo è stato affondato. Non solo la produzione industriale, ma anche quella alimentare è scesa a un terzo. Per affamare ulteriormente la popolazione, dopo il 27 marzo 1945, nell'ambito dell'Operazione Starvation, i B-29 posero oltre 12.000 mine nelle acque costiere giapponesi.

Si intensificano i bombardamenti dalle Isole Marianne. Le infrastrutture giapponesi sono state sistematicamente distrutte. In mancanza di buone informazioni sugli obiettivi industriali, si ricorse al bombardamento terroristico delle città giapponesi; mezzo milione di persone furono uccise e cinque milioni di giapponesi rimasero senza casa. Il 10 marzo 1945 ebbe luogo il bombardamento di Tokyo, con almeno 83.600 morti e, secondo alcune stime, duecentomila, il più pesante della storia.

Al fine di acquisire basi più vicine al Giappone per i caccia che dovevano scortare i bombardieri, si realizzò lo Sbarco su Iwo Jima, catturando l'isola tra il 19 febbraio e il 26 marzo, e la Battaglia di Okinawa tra il 1° aprile e il 22 giugno, dopo uno sbarco solo leggermente inferiore al D-Day. Le isole furono difese con accanimento, causando ventimila morti americani e più di centotrentamila giapponesi, tra cui a Okinawa molte donne che si suicidarono per paura di essere violentate.

Il 12 aprile 1945 il Presidente Roosevelt morì, senza che lo sforzo bellico degli Stati Uniti si indebolisse. Nel luglio 1945 la situazione strategica militare giapponese era ormai senza speranza. Le navi volanti alleate eliminarono quasi tutte le principali navi da guerra giapponesi rimaste nelle acque nazionali durante i massicci attacchi al porto navale di Kure tra il 24 e il 28 luglio. Navi da guerra come la USS *Missouri* e la *King George V* distrussero impunemente le industrie del carbone e dell'acciaio con la loro accurata artiglieria nei mesi di luglio e agosto, un segno per la popolazione che la situazione era critica.

Nel gabinetto del nuovo primo ministro, l'ammiraglio Kantarō Suzuki, c'erano delle "colombe" che speravano di negoziare una resa attraverso l'Unione Sovietica, ancora neutrale. I "falchi", tuttavia, temevano che una tale mossa avrebbe portato alla smilitarizzazione, alla punizione dei criminali di guerra e all'abolizione dell'impero.

Pensavano di ottenere una posizione negoziale migliore rifiutando il previsto sbarco a Kyushu di tremila piloti kamikaze. Gli Alleati ribadirono la richiesta di resa incondizionata nella Dichiarazione di Potsdam del 26 luglio, tra l'altro senza nominare l'imperatore. Da Okinawa, gli americani temevano di perdere un milione di uomini in caso di conquista del Giappone. Fu un sollievo quando il progetto segreto Manhattan testò con successo la prima bomba atomica il 16 luglio 1945. Il presidente Harry S. Truman ordinò lo spiegamento della nuova arma atomica.

Il 6 agosto 1945, il B-29 *Enola Gay* sganciò una bomba all'uranio che distrusse Hiroshima, uccidendo 79 000 persone all'istante. Il gabinetto giapponese non decise comunque di arrendersi, sperando che gli americani possedessero solo una di queste armi. Il 9 agosto, una bomba al plutonio distrusse Nagasaki, uccidendo direttamente 39 000 persone. Altre 145.000 persone sono morte per ustioni e malattie da radiazioni dopo i due attacchi.

L'Unione Sovietica, sotto l'intensa pressione degli Stati Uniti, aveva accettato alla Conferenza di Yalta di attaccare il Giappone non più tardi di tre mesi dopo la resa tedesca, a condizione di poter conquistare e annettere Sakhalin Sud e le Curili. Il 9 agosto 1945 ebbe inizio l'operazione "Tempesta d'agosto", che schiacciò l'esercito giapponese del Kwantung in Manciuria.

Il 10 agosto, l'imperatore Hirohito costrinse il gabinetto a inviare telegrammi agli Alleati in cui si dichiarava che la Dichiarazione di Potsdam era accettata a condizione che la sua posizione rimanesse inalterata. L'11 agosto, gli Alleati aggirarono la questione affermando che al popolo giapponese sarebbe stato permesso di determinare la propria forma di Stato. Il 15 agosto, alle 12:00, l'imperatore si arrende al Giappone in un discorso radiofonico. Ciò ha impedito lo sgancio di una terza bomba atomica intorno al 19 agosto. Il 2 settembre 1945 fu firmata la capitolazione, sulla corazzata USS *Missouri*. Il Giappone passò sotto l'occupazione statunitense, guidata da MacArthur. Il 31 dicembre 1946 il presidente Truman dichiarò la "cessazione delle ostilità" tra Stati Uniti e Giappone. Il 28 aprile 1952 fu concluso il Trattato di pace di San Francisco tra il Giappone e la maggior parte degli Alleati. L'eccezione

129

è stata l'Unione Sovietica, a causa della continua disputa sulle Curili.

Vittime e guerra

La Seconda Guerra Mondiale è stata caratterizzata dall'apparente impotenza dei vari trattati di pace e di non aggressione precedenti alla guerra, ma anche da una violenza massiccia e spietata senza precedenti fino a quel momento nella storia, con innumerevoli vittime civili ricambiate. Le guerre precedenti avevano generalmente operato una distinzione di principio tra civili e soldati, risparmiando il più possibile i civili o almeno non facendoli diventare un obiettivo primario. Questo principio fu ampiamente abbandonato nella Seconda Guerra Mondiale; tutte le parti consideravano i civili dell'altra parte come bersagli validi, sostenendo che anche i civili contribuivano alla capacità belligerante del nemico. La Seconda Guerra Mondiale è quindi ancora oggi l'esempio più significativo di guerra totale. Inoltre, sia la Germania nazista che l'Unione Sovietica erano regimi totalitari, sostenuti dalla repressione politica e dall'indottrinamento. Anche la guerra tra militari fu decisamente dura, soprattutto sul fronte orientale. Le regole di guerra concordate a livello internazionale (stabilite dalla Convenzione di Ginevra) furono sistematicamente e ampiamente violate, soprattutto per quanto riguarda il trattamento dei prigionieri di guerra.

Durante la Seconda Guerra Mondiale morirono in totale tra i 50 e i 70 milioni di persone. Circa due terzi delle vittime erano civili, di cui si stima che più di 11 milioni appartenessero a minoranze sistematicamente perseguitate e uccise. È stata anche la prima - e finora l'unica - guerra in cui sono state utilizzate armi nucleari. Anche le armi missilistiche e i jet da combattimento sono stati utilizzati su scala relativamente ridotta alla fine della guerra. Durante la guerra, tutte le parti coinvolte temevano un impiego sul campo di battaglia di armi chimiche come era accaduto nella Prima Guerra Mondiale. Tuttavia, il gas velenoso fu impiegato solo alla periferia, in particolare dall'Italia in Abissinia durante la Seconda guerra italo-etiopica e dal Giappone in Cina, dove erano in corso anche esperimenti di guerra biologica.

Processo e distruzione

Si stima che 11 milioni di persone siano state sistematicamente uccise, la maggior parte nei campi di concentramento e di sterminio, gestiti come un'industria efficiente e su larga scala.

Gli sfortunati che erano inferiori e parassiti agli occhi dei nazisti dovevano essere letteralmente sterminati.

Durante l'Olocausto furono uccisi tra i cinque e i sei milioni di ebrei, oltre a circa cinque milioni di zingari, prigionieri di guerra, slavi, disabili, combattenti della resistenza, testimoni di Geova, omosessuali e dissidenti. I tedeschi

133

usarono vari metodi per uccidere gli *Untermenschen*, il più famoso dei quali furono le camere a gas.

Vittime civili e bombardamenti

Le parti in guerra hanno deliberatamente bombardato la popolazione civile. I giapponesi hanno compiuto attacchi terroristici a Shanghai, Wuhan, Nanchino e Canton (Guangzhou), tra gli altri.

In Europa, i tedeschi bombardarono Varsavia, Rotterdam, Londra e Coventry, tra gli altri. Tuttavia, i bombardamenti sarebbero stati utilizzati dagli Alleati soprattutto come mezzo per mettere in ginocchio l'avversario.

I continui bombardamenti su Germania e Giappone avevano due obiettivi strategici: distruggere l'industria bellica e danneggiare il morale. Tuttavia, la tecnologia per puntare le bombe era ancora così primitiva che l'industria bellica poteva essere colpita solo se venivano bombardate vaste aree, causando molte vittime civili.

Inoltre, i tedeschi riuscirono ad ospitare una parte significativa dell'industria bellica in fabbriche sotterranee: fino alla fine della battaglia, questo permise ai nazisti di mantenere una sorprendente capacità di produzione di materiale bellico. In Germania, grandi città come Amburgo,

Colonia, Berlino e Dresda furono gravemente danneggiate, per un totale di 1,5 milioni di morti e feriti.

In Giappone, 67 città con case prevalentemente in legno sono state praticamente spazzate via dalle bombe incendiarie. Questo ha provocato 500.000 morti e 5 milioni di senzatetto.

Nella zona del fronte dell'Unione Sovietica, i civili hanno vissuto momenti molto difficili. La dottrina nazista aveva scarso rispetto per la vita dei popoli slavi conquistati, considerati un insieme di Untermenschen; il governo considerava la loro sopravvivenza secondaria rispetto al raggiungimento della vittoria.

Di conseguenza, un totale di circa 11,9 milioni di cittadini sovietici morirono a causa della violenza bellica, del terrore, della fame, delle malattie e di altre avversità. Ma l'Unione Sovietica non risparmiò nemmeno i propri cittadini: chiunque fosse sospettato di collaborazione o di insufficiente sostegno alla resistenza veniva deportato o giustiziato.

Anche i civili francesi subirono gravi perdite durante la guerra. Un totale di 70.000 civili morirono in Francia a causa di azioni alleate, soprattutto bombardamenti. Gran parte di loro, 19.890 morti e un numero molto maggiore di feriti, furono vittime della liberazione della Normandia.

137

Questo numero si aggiunge ai 15.000 francesi morti e ai
19.000 feriti durante i bombardamenti che hanno preparato
l'operazione Overlord nei primi cinque mesi del 1944. In
totale, i civili francesi uccisi dalle azioni alleate furono più
numerosi di quelli britannici uccisi dai bombardamenti
tedeschi.

Infine, nell'agosto 1945, le armi nucleari furono utilizzate
anche contro la popolazione civile giapponese. Questo ha
causato circa 250.000 vittime dirette.

Implicazioni geopolitiche

Il mondo del 1939 aveva sei grandi potenze regionali: gli Stati Uniti, che stavano emergendo come nuova superpotenza, l'Unione Sovietica comunista, la Germania nazionalsocialista, il Giappone imperiale e il Regno Unito e la Francia coloniali. Questo mondo era scomparso. Il dopoguerra, fino al 1989, quando cadde il Muro di Berlino, fu segnato dalla rivalità tra le due superpotenze rimaste: gli Stati Uniti e l'Unione Sovietica. La reciproca rivalità geopolitica tra queste due superpotenze è nota come Guerra Fredda.

L'ascesa delle due superpotenze è andata di pari passo con la riduzione del potere e della posizione degli altri tre Paesi. Il Giappone e la Germania avevano perso la guerra e quindi il loro ruolo politico e militare a livello mondiale era finito per il momento.

Nel 1949 la Germania è stata divisa in una parte occidentale e una orientale più piccola, che sono entrate a far parte rispettivamente della NATO e del Patto di Varsavia. Tale situazione si protrarrà fino al 1990. Il Giappone rimase indiviso e gli fu perfino permesso di mantenere il suo imperatore, anche se dovette rinunciare al suo status divino. Come protettore degli Stati Uniti, il Giappone poté concentrarsi sulla ricostruzione economica, cosa che fece con grande successo.

A parte le Hawaii, gli Stati Uniti non avevano sperimentato alcuna guerra sul proprio territorio e avevano subito perdite relativamente lievi.

Hanno sostenuto i Paesi non comunisti in Europa e in Asia, sia i Paesi amici che gli ex nemici Germania e Giappone, con decine di miliardi di dollari (Piano Marshall) e, anche grazie a questo, sia i giapponesi che gli europei occidentali sono riusciti a uscire rapidamente dal pantano economico.

Nei Paesi dell'Europa orientale dominati dall'Unione Sovietica le cose sono andate diversamente: invece del credito, è stato dato loro un modello economico comunista imposto da Stalin, che ancora oggi rende gli europei occidentali più ricchi di quelli orientali.

La Seconda guerra mondiale ha anche messo in moto una nuova ondata di decolonizzazione. Sebbene l'Impero britannico fosse tra i vincitori, il suo declino come grande potenza iniziò presto. Anche gli imperi coloniali francese e olandese sembravano aver fatto il loro tempo. I giapponesi avevano fomentato notevolmente i sentimenti nazionalisti in Estremo Oriente per ottenere sostegno nella loro lotta contro le potenze occidentali. Questo genio era uscito dalla bottiglia e non sarebbe tornato indietro.

Inoltre, i britannici avevano esaurito la maggior parte delle loro riserve finanziarie per acquistare armi e rifornimenti dagli Stati Uniti, che avevano pagato con titoli di debito che avrebbero impiegato decenni a ripagare. Gli imperi coloniali si stavano rapidamente sgretolando e, dopo la crisi di Suez del 1956, Francia e Regno Unito dovettero imparare a convivere con lo status di media potenza.

Nel Territorio Mandatario Britannico della Palestina, lo Stato di Israele fu fondato poco dopo la guerra. Questo ha gettato i semi del conflitto arabo-israeliano, che ancora oggi ha fatto esplodere regolarmente conflitti armati in questa parte del Medio Oriente.

Gli orrori della Seconda Guerra Mondiale hanno portato a un'intensificazione della cooperazione internazionale, in particolare nel continente europeo. Di conseguenza, sono nate le Nazioni Unite e, in parte a causa della Guerra Fredda, l'Unione Europea.

Il successo dell'Unione europea, con la sua legislazione sovranazionale, la moneta comune e i valori democratici, rende difficile immaginare un conflitto europeo nel presente.